VENEZOLANA Y UNIVERSAL
ROSARIO BLANCO

LOUIS ANTOINE LEMAÎTRE

VALENCIA, ESPAÑA - 1992

Copyright © 1992 por Louis Antoine Lemaître.
ISBN: 84-604-3442-7
Depósito legal: V-2386-1992

Printed in Spain
Impreso en España por Miguel Arnau-Ediciones. Beato Nicolás Factor, 7, VALENCIA.

INDICE

*A ti, dulce ausente, a cuya sombra propia,
floreció poco a poco este libro. A aquella
luz clarísima de tus ojos que para el caminar
de la escritura, lo alumbraron siempre
de esperanza, y también a la paz blanca y
fría de tus dos manos cruzadas que no habrán
de hojearlo nunca, lo dedico.*

Teresa de la Parra

Luisa María Sánchez de Camino

(Matrona sucrense de hogar ejemplar,
escultora de generaciones en la didáctica)

PREFACIO

Ardua resulta la tarea, en sumo complicada cuando nos disponemos a trazar con precisión la biografía de un personaje notable. Irrealizable, sin la fuente de información ni los medios favorables que completan cabalmente los hechos realizados en contacto con la vitalidad humana. De una forma, no se da crédito a la cita; de otra, aplicamos la proyección sujeta a la omisión de la entidad o consecuencia.

No he de ocultar que han menguado mis páginas por las distintas dificultades surgidas; no obstante, en ese lacónico trabajo extraído casi directamente del folio con polillas, tan sólo quiero evidenciar el mérito correspondiente a una dama ignorada hoy día por la presunción de la sociedad moderna; desconocida en los distintos centros de instrucción y cultura, instituciones educativas de derechos humanos, donde se da tributo y reconocimiento a la labor de la mujer a través de los tiempos.

Sucintos capítulos integran el legajo que cotejados con la historia son el extracto de la crónica. Tres aspectos sobresalientes han de notarse: primero, el carácter biológico y humano, luego la conducta expandida hasta las estructuras intelectuales en su totalidad fisiológica —la mujer carne y hueso, dotada de una concepción dinámica especial—; finalmente el aspecto social, la relación con los semejantes, la familia, la institución.

Superior aquí es la calidad literaria de Fr. Luis de León, autor de dimensiones humanistas, impersonal, reservado que oculta el nombre por no incitar el deseo deshonesto. El poemario renacentista utilizado, ha sido seleccionado con audacia y sirve de inspiración para crear también en la cárcel verso y prosa de estimable valor —ahora por un grupo de líricos modernos—, en las primeras décadas de nuestro accidentado siglo XX.

Muy ciego aquél que no vea por tela de cedazo; y es que, a dos visos, el doliente político toma la clave epistemológica de diversas modulaciones, la discreta hostilidad y la soterrada aflicción del agustino en los días difíciles de la prisión para fortalecer en el momento crítico preciso su habilidad endeble. Y tomando ventaja de la expresión creada o la paráfrasis se revela por los mismos elementos de las composiciones una percepción sensorial, manifestaciones de lealtad, inquietud por la patria oprimida, la fuerza del amigo con fervientes deseos de independencia, del apasionado admirador que desea exteriorizarse.

También el penal es cuerpo y alma; coexisten por tanto los valores metafóricos correspondientes a Fr. Luis y a esta pléyade de patriotas venezolanos. Como se ha dicho, el presidio impide al alma el vuelo místico, tanto si es la vida terrenal como el propio cuerpo que se mantiene vivo. Cierto es que la visión del encierro forzado incrementa y da origen a otras sendas paralelas. Apreciemos pues, cómo en la «Noche serena», el religioso queda en la oscuridad de la cárcel tan opuesta al fulgor celestial —símbolo de salvación—. El preso en el Castillo Libertador de Puerto Cabello persistía en la penumbra, deformación moral del egoísmo y cobardía, adverso a la libertad de la expresión y derechos del hombre y la mujer.

Sirva de estudio y regocijo esta presentación; reconózcanse las virtudes de nuestros precursores en los distintos campos del saber para el progreso de los pueblos. Ríndase entonces un sincero homenaje a la mujer sobresaliente en nuestro medio que ha encauzado el ejercicio intelectual y cívico.

Este ejemplar representa la contribución desinteresada de escogidas personas en los círculos de Caracas y Cumaná. Mi gratitud para el Dr. Raúl Díaz Legorburú, ex-presidente del Consejo Municipal de Caracas, y autor del histórico tomo *La Aventura Pobladora* (el siglo XVI venezolano); el licenciado Enrique Rondón Nieto, distinguido redactor en *El Diario de Caracas*; el Dr. José Mercedes Gómez, Asesor Histórico de la Gobernación del Estado Sucre, Coordinador de la Biblioteca de Autores y Temas Sucrenses y Cronista actual de la ciudad de Cumaná; el Sr. Carlos Guevara, buen amigo de la familia Blanco-Meaño; y otras personas que deferentemente prestaron magnífica cooperación. Para todos el testimonio fiel de mi consideración más distinguida.

Louis Antoine Lemaître
Mahe, Seychelles (April, 1992)

ALBOR

En la Santa Yglesia Matriz de esta Ciudad de Santa Ynes de Cumaná a treinta de Abril de mil ochocientos ochenta y nueve; yo el Cura Rector Presbitero victor josé Martiarena bautizé solemnemente segun el RR con el nombre de Manuela del Rosario una párvula que nació el veinte y dos de Setiembre del año próximo pasado hija lejitima del Sr Luis felipe Blanco y Dolores Meaño. Fueron padrinos Luis Blancé Ines Meaño de la Rosa à quienes adverti sus obligaciones y espiritual parentesco = assi fé = José Martiarena

Contaba la niña sus saltitos mientras alargaba el recreo junto al brocal del pozo con romántico molino verde; y cierto, asoleada estaba la mañana; de una corriente sofocante, sin presagios, y en la tibieza un aroma de nardos.

Rosario Blanco, nace en Cumaná —ciudad al noreste de Venezuela— el 22 de septiembre de 1888.[1] Ve la primera luz en la neocolonial casona de sus progenitores edificada en la calle Sucre, contigua a la residencia del gobernador, frente a la plaza de Pichincha, donde estuvo el Palacio Real en la Colonia, histórico barrio de Santo Domingo. Se la bautiza Manuela del Rosario Mauricia, nombre acordado por sus padres el doctor Luis Felipe Blanco Fariñas y doña Dolores Meaño-Escalante. Orgullosos de la primera de sus hijas, siguen en orden María Luisa, Dolores Agustina, Carmen Margarita y Luisa Antonia; tres hermanos completan el solar Blanco-Meaño: Luis Felipe, el primero de todos —fallecido pequeñito—; el segundo Luis Felipe —médico generoso, dotado de copiosa inteligencia—, y Andrés Eloy, último varón de la familia —poeta insigne, autor del Canto a España, orgullo y prez de la Literatura Hispano Americana—, nacido también en Cumaná el día 6 de agosto de 1896.

---

[1] Libro de Bautismos, años 1885-1890, Tomo 5, p. 167. Parròquia de Santa Inés, Cumaná, Venezuela.

En un hogar cimero, bajo la sombra del cocotero y variedad del guamo, cree la niña en observancia de los buenos principios: igualdad humana, consuetudinaria integridad en la conducta, industria y cultivo de las letras. Así, su primera formación es cualidad moral adquirida de sus loables antecesores —ejemplos del venezolano de tradición, respeto, constancia, deber.

Crecidita para sus siete años, interviene locuaz en el glosario científico del padre y, en voz alta decora párrafos del prosa periodística del día o del último diario recibido de Caracas con el informe más reciente o episodio posterior a la violencia perpetuada en La Mata Carmelera. ¡Días de agitación, luchas, angustia y disconformidad del pueblo! Por todo el extremo andino, centro, oriente y sur, escúchase el arrastre de fusiles y soldados dispersos en combate. Amotínase la gente y en tropel anuncian la victoria: ¡profetizado estaba! Un enjambre de vivas y aclamos al general Cipriano Castro se pronuncia en Caracas; no obstante las sospechas, el público forzado recibe a un nuevo gobernante procedente del Táchira que había agotado los impulsos de la Revolución Libertadora. En el proceso desaloja por tenaz oposición a hombres conscientes, desconoce el esfuerzo de militares prestigiosos, sacrifica los ejércitos de Güiria y El Pilar; y, en el tumulto, el doctor Luis Felipe Blanco se encuentra sentenciado; así, entre susurros, recelos del que teme, oraciones en silencio y sin saberse, con su familia siempre, sube a bordo de la lancha «La Amistad», anclada en Puerto Sucre para continuar en dirección de Nueva Esparta.

En Cumaná, el padre de los Blanco realiza sus primeros estudios; posteriormente es enviado a Caracas para continuar su carrera bajo la tutela de Monseñor Ponte, con asistencia al Colegio de la Ascensión, y a instancias de sus abuelos Luis Blanco-Zerpa y Francisca Lucía Fernández de Zerpa, una descendiente del co-fundador de Cumaná, Diego Fernández de Zerpa. Mujer de considerable talento, refería pintando alegremente el episodio de exploración y descubrimiento por la costa de Paria y la riqueza perlera de Cubagua, con toda actividad y luz (en dos metas conjuntas). Desde el origen de la ciudad de Cumaná, el ensanche misional indígena en sus playas, la acción dificultosa de evangelización y los orígenes del Nuevo Mundo. La señora Fernández de Zerpa, ampliaba la exposición enternecida: en efecto, declamaba las frases de la plática que ofreciera el dominico Fr. Antonio de Montesinos en el primer discurso de Derechos Humanos en tierras vírgenes de América española; y, en el momento mismo de incitar a la rebelión india pormenorizadamente. Narraba con orgullo el asiento de la Nueva

Toledo y Nueva Córdoba —la hija de Cubagua que había sido reconstruida por su valiente antecesor con el orden de edificar en ocho días 150 casas—, guardando el trazado de las calles para agraciar el novelesco nombre Cumaná en 1569; y «el primero en ocuparse de las Salinas de Araya».[1]

Luis Felipe Blanco, continúa sus estudios hasta alcanzar su grado de doctor en la universidad de la metrópoli. De regreso a Cumaná, visita primero la Villa San Felipe de Austria en la rada de Cariaco —fecunda tierra y ensenada hermosa donde había nacido después del terremoto que dejó sepultada a casi toda Cumaná, el 15 de julio de 1853—. Una vez instalado en la ciudad inicia su cátedra de griego, moderniza la de francés, es nombrado vice-rector y secretario del famoso Colegio Nacional. Pero no es la pedagogía la meta principal del doctor Blanco-Fariñas; por ser pediatra atiende con esmero al niño afectado y carente de recursos. Con otra especialidad, ejerce en el antiguo Hospital de Lázaros, institución fundada en la colonia para asistir en sus salas a pacientes de la zona del este de Venezuela; ahí no sólo destaca por los experimentos clínicos, sino también por su acción en actividades de cultura para solaz del doliente y ayudas de servicio interior. Digna de toda loa es su contribución prestada en el histórico hospital Alcalá, centro sanatorial donde fuera aplicado el conocimiento bacteriológico para curar distintos casos con el tratamiento de colapsoterapia antituberculosa. En gratitud a su labor, la Junta de Beneficencia del Estado Sucre concedió el nombre «Doctor Luis Felipe Blanco» a un pabellón del extinto hospital. Sirva de modelo el sentimiento, la bondad y cualidad del hombre excepcional; honremos con valiosos aderezos la semblanza del insigne galeno.

Con la elegía «A un año de tu luz», Andrés Eloy Blanco canta a su madre muerta en el primer aniversario.

> Yo en tus rodillas, en la calle abrojos
> en la acera los dos, y una saeta
> mi primer verso fue para tus ojos.
> Me alzaste en brazos, trémula y coqueta
> fuiste y volviste de la risa al lloro
> y empezaste a gritar ¡Tengo un poeta![2]

---

[1] Dr. José Mercedes Gómez, *Historia del Estado Sucre* (Caracas: Ediciones de la Presidencia de la República, 1981), p. 59.

[2] «50 años del Canto a España», Publicaciones de la municipalidad de Cumaná, 1973, p. 3.

La caridad ocupa un buen espacio en la vida de Dolores Meaño-Escalante «Incomparable madre».[1] Con este epíteto sincero la traza moralmente en el recuerdo Cecilia Pimentel, eminente Mujer de las Américas, 1959. Admirable, dotada de vibrante temperamento, indulgente y callada, sabe siempre cumplir con su deber. Por su alegre carácter, buen humor y humanas dimensiones, nos deleitan sus ingenuas anécdotas: era constante en sus deberes y fiel católica; en los días de precepto y Semana mayor, cumplía con el mandato de la Iglesia; el Viernes Santo podía vérsela ataviada de negro con sus bellas alhajas, de rodillas en la Iglesia de Santa Inés. Contrita meditaba el Sermón de las Siete Palabras tan acentuado como vivido en simbólico ejercicio por uno de los humildes capuchinos procedente de España en la Misión de San Francisco —notábase el contraste con la blanca pluvial y mitra de un obispo invitado a las ceremonias—.

En el ocaso del siglo XIX encuentra dificultades por ser forzada a abandonar su tierra esplendorosa de encantadores parajes costeños. Hallarse en tierra desconocida es restar parte de ese ideal tan apreciado que sabe conservar. Trasciende la oriental, vinculada a la primera sociedad de damas honorables cumanesas.[2] Su padre el ingenioso médico Andrés Eloy Meaño, honra a su tierra natal por la virtud y el saber; había iniciado sus estudios de medicina en Cumaná y suspendidas las lecciones a consecuencia de la sísmica tarde de 1853, fue de inmediato trasladado a Caracas hasta que logró culminarlos con la borla doctoral. Ya de regreso a Cumaná prodiga ciencia y caridad: atiende en los hogares de las clases pudientes y en los ranchos vecinos de las pesqueras con esmerada dedicación, enjundia y desinterés por todo aquello que no fuese relativo a la ciencia, las humanidades —en tres palabras—, el saber humano. Por buen oyente de música selecta y conocedor de la pieza teatral, es nombrado presidente de la honorable y digna «Sociedad de Culto», asociación organizada especialmente para erigir el nuevo templo de Santa Inés, la precedente de las Iglesias en la cuna del Mariscal, para reconstruirla después del terremoto conmovedor. Ensaya el doctor Meaño la comedia, facilita el vestuario encargándose él mismo de la escenografía para el montaje de la ópera, organiza la velada —no sólo es el animador, es también la careta y el artista—, atrae al público para con el dinero sufragar los gastos de la más bella de las iglesias cumanesas.

---

[1] *Bajo la tiranía* (Caracas: Litografía y Tipografía La Bodoniana, C. A. 1970), p. 153.

[2] Ramón David León, *Cumaná eterna* (Caracas: Gráficas Alfer, 1967), p. 20.

Por ser un miembro fiel del partido Conservador y político de renombre, se le designa Gobernador de la Provincia de Cumaná. Distínguese su manifiesto en el Tratado de Coche; y como Presidente del Ayuntamiento cumanés —en tiempo de carencia— ordenó la construcción del antiguo mercado y el viejo matadero. Se conoció mejor su reciedumbre cuando intervino en los argumentos para demostrar afinidad entre los representantes en la Convención Nacional de Valencia en 1858[1]. Ornan al doctor Meaño atributos de valía y distinción por su cultismo y caballerosidad. Madre del doctor Meaño, fue la arrogante matrona Manuelita Escalante-Páez, mujer de caritativas condiciones, goda de naturaleza, y amiga íntima de «La griega» (hermana menor de Antonio José de Sucre, el Mariscal de Ayacucho), vino a mal en una sociedad con límites extensos hacia el sur, Orinoco y Bajo Llano en Venezuela. El sufrimiento no rompe la barrera, tampoco quiebra la lealtad de esta mantuana pobre que jamás llega a musitar. Poco quedó de sus innumerables páginas; tan sólo conocen sus trastornos los testigos efímeros en noches de luna llena, los faros de la bahía y el escudo ESCALANTE pendido hoy día a una pared moderna, o el encontrado en los escombros, expuesto al público de hoy día en la Casa Natal del Libertador Simón Bolívar.

Identificado ha quedado en el linaje de los Blanco, nombres valiosos: el del ilustre prócer José Antonio Meaño-Cabrera y su vehemente esposa Inés Velásquez de Salazar, viuda del prócer de la Independencia venezolana, coronel Domingo Montes. También era galeno el bisabuelo, y con esmerada atención integral ofrecía servicios de primera, sin ser estricto en el pago por el servicio médico, dispuesto todo el tiempo, y sin la previa cita. Simultaneábase en el hogar Meaño-Velásquez, el trabajo y la piedad. Cuando alguno de los criados dejaba de cumplir con el precepto dominical establecido por la ordenanza de la Iglesia Cristiana de Occidente, erguíase doña Inés bajo un arco conopial de la casona colonial y, con manos colocadas al pecho susurraba entre giros confusos su disconformidad con tanta gente sin el temor de Dios, infelices por no llegar a comprender el más allá. De esta forma quedaba resignada la señora, confiada un poco más al fundamento de la promesa y redención afirmado por el Mesías ante los fieles de Israel. Y de verdad era espontánea la comunicación con el trabajador que venía privilegiado desde remoto tiempo colonial, porque ya es hora de expresar con ahínco que en el orden de los

---

[1] Alberto Sanabria, *Valores cumaneses* (Caracas: Editorial Arte, 1965), p. 155.

antecesores Andrés Meaño-Rendón, alias El Corsario unido a la mantuana María de la Cruz Cabrera, aparece interesante trazado del antiguo cincel Francisco Cabrera-Hernández y María Rendón-Sarmiento, gente aficionada que habiendo en oportunidad atesorado distintos tomos medievales traídos de la península y conocedores después de una famosa traducción del texto árabe, mostraron inefable deleite con los preceptos de Maimón: la férvida y patriótica palabra que culmina en una misma rima y asonante.

La cultura femenina había sido generosa labor de la mujer consciente de ella misma para responder a sus necesidades; la base del hogar y de civismo ético son dos funciones de contexto histórico; cada generación educó siempre a sus mujeres orientándolas a la maternidad o preparándose para enseñar religión. En cada generación aparece la mujer protagonista y modeladora del carácter de los hijos y futura familia. La falta de instrucción elemental proyectada hasta las primeras décadas del XX en Venezuela, fue en sumo grado deficiente. Sólo en Caracas existía el instituto femenino de enseñanza limitado especialmente para la señorita de sociedad pudiente; pocas fueron las mujeres dedicadas al cultivo de las letras y la ciencia; en Oriente, aplica la excepción a Ignacia Smith, intelectual sobresaliente en Cumaná y a la pedagoga Elvira García, autodidacta margariteña. Nueva Esparta integrado por Margarita, Coche y la Isla de Cubagua fundada en el transcurso del año 1500 por unos buscadores de perlas, no contaba con un sistema educativo más que la tutoría exclusiva para la hija de familia adinerada. En Porlamar, Juangriego y Santa Ana del Norte, reducido fue el número de Jóvenes que por destrezas de lectura interpretarán las bélicas hazañas de sus históricos caudillos Francisco Esteban Gómez, el rebelde Juan Bautista Arismendi y la heroína Luisa Cáceres. Así, sensible a la penuria, Rosario Blanco muestra curiosidad en una edad casi de adolescente, hace preguntas, y más tarde se convierte en pionera de la educación femenina en Venezuela.

La tarea de la mujer es sublime, grandiosa, pues ella coloca su corazón con el esfuerzo y obligaciones de hija, esposa, madre; de este modo se ensancha el progreso moral de las naciones, evoluciona la familia y surge el avance de los pueblos. Y es que las ideas de Rosario están en pacto con las afirmaciones de su consanguínea María Hernández-Díaz de la Cruz, mujer de valioso caudal, dueña de casi toda Paria y contornos de Araya. A esta mantuana liberal durante el ejercicio sacramental de sus teas nupciales, a causa de una ola de calor se apresuró

16

su madre a despojarla del manto donde pendido estaba un alfiler enviado por los reyes de España en la ocasión de aceptar por esposo a Francisco Cabrera del Barrio, hijo insigne del Capitán francisco Cabrera-Bello y la mantuana Gregoria del Barrio-Rijo, pareja de aquella casta que no sólo tomaba en consideración la pureza de sangre y agnaciones, sino la reacia disposición para no aceptar a un forastero.

Tenía poder la Real Cédula y ordenanza de Carlos V —último bastión del Imperio Romano— hasta la procreación de la «quinta generación» Damián del Barrio. En 1623, el nieto de Damián que había alcanzado rango superior de infantería, quedó instalado con cargo de confianza: primero, responsabilidades en la Provincia de Caracas, más tarde en Cumaná donde impuso su nombre con sobrada bravura; tiempo después se supo que había pacificado heróicamente a los Caribes: infalible trasunto de acción ardua que logra variadas distinciones por su destreza en apaciguar indios. Pero una vez alcanzada la fama en el paisaje azul de las Antillas contrastado con el verde sarmentoso de manglares, brisas por los dos Golfos, y las bellas mujeres: Francisco del Barrio-Silva, con todos sus elogios y dotes de letrado cautivó a la mantuana Leonor Rijo. Las peripecias de este nieto de Damián por el este de Venezuela, un tanto difieren de las amorosas aventuras del abuelo en Caracas, quien envanecido se paseaba en coche con las mujeres más bellas de la ciudad o divirtiéndose con ellas en sus correrías por los predios de Turmero. El cronista José Oviedo y Baños en sus anécdotas y fantasías, incluye distintas misceláneas donde resalta la personalidad de Damián del Barrio. Ya transcurridos sus ochenta años, sin perder energía ni jovialidad, dispuesto en todo tiempo, asiste a las comedias, los toros, procesiones solemnes, y siempre al lado de una mujer hermosa.

La crónica hace hincapié con otros nombres de mantuanas y hombres de hidalguía muy respetables: María González Silva-Rojas y Damián del Barrio Hernández —padres del agraciado Francisco del Barrio-Silva—. Este valiente joven, famoso a los 17 años, fue compañero de Diego de Losada. Emprendedor, obediente y disciplinado, siguió las órdenes impuestas por Pedro Ponce de León, gobernador de Venezuela y Comisionado para poblar y repartir encomiendas. Se ha establecido como cierto que habiendo acumulado el instrumento de defensa con instrucciones a la tropa, realizó distintas clases de estrategias sobre el arzón, en el caballo a galope hasta llegar a Nirgua o Villa Rica. Una vez internado en Terepaima y hostilizado por los indios arbacos, a dos por tres llegó a las serranías y vio la sangre del indígena correr y perdido el legajo nativo.

De los dos hijos de Damián del Barrio (padre) y Francisca Hernández, Pedro, el primero, es esforzado fundador de El Tocuyo, activo en las embestidas del sagaz Lope de Aguirre, vasco de proeza fulgurante, hombre de mitos y realidades, guerrero que luchara de Margarita a Borburata, de Valencia a la Nueva Segovia, semilla de la conquista de nuestra extensa y alucinante geografía.[1] Había sido administrador en las minas de Buria y destacado representante en la Nueva Segovia, ciudad fundada en 1552 por don Juan de Villegas, rebautizada después Barquisimeto. El segundo, Damián del Barrio-Hernández emprende la conquista por Oriente, somete a los Cumanagotos, fija su residencia en Cumaná. «Su hogar será el núcleo de uno de los grupos familiares ductores de la sociedad colonial cumanesa y aun después.»[2] Fructifican las generaciones hasta llegar a aureolar con los nombres de ROSARIO BLANCO-MEAÑO, precursora del avance educativo y los derechos de la mujer venezolana, y de su hermano ANDRES ELOY BLANCO-MEAÑO —cantor de España Ultramarina, de los conquistadores y el cacique, de Moctezuma, Bolívar, San Martín.

[1] José Oviedo y Baños, *Historia de la Conquista y población de la Provincia de Venezuela* (New York: Paul Adams, 1940), p. 212.

[2] Ildemaro Lovera, *Vida de José Angel de Alamo - Historia de un Oligarca* (Caracas: Tipografía Vargas, S. A., 1965), p. 44.

EN LA ACADEMIA DE BELLAS ARTES

En los albores del segundo decenio, época conflictiva y discrepante de la centuria actual; cuando de un modo comenzara el arte a liberarse orientado por las sendas del simbolismo y la abstracción, y de otra por las distintas dificultades en debate social, político y económico; la mujer venezolana promueve reformas de carácter social y educativo.

Las puertas y las rejas de la Academia de Bellas Artes caraqueña fueron abiertas aquella noche de luna llena y estrella fija a fines del mes de marzo de 1912. El corro en el jardín central entre los mirtos, rosas toscanas y jazmines, estaba aparejado para dar una calurosa bienvenida a ROSARIO BLANCO-MEAÑO, batalladora infatigable, heroína del civismo. Iniciado el acto se pronuncian las palabras más gratas de apertura para introducir como deidad la grácil cumanesa en el panteón del Olimpo venezolano. Seguidamente aborda el tema fundado sobre sus conceptos de feminismo moderado; y, emocionada frente a una audiencia en aquel orbe que no tan sólo atesoraba la obra de arte del creador venezolano, más que todo era el foco consciente y el acervo de las ciencias de entonces.

Por recato, tal vez se humilla antes de competir en un círculo de ilustrados, y en una sala donde era la costumbre disertar los oradores más famosos del día, especialmente la bien reconocida historiadora Lucila de Pérez-Díaz, primera mujer Individuo de Número de la Academia de la Historia en Venezuela. Representaba para la señorita Blanco un gran honor haber sido invitada a disceptar a la caída de la tarde, y más el encontrarse frente a un público agradable y acogedor como indulgente.

Viene de la gleba, y pide excusa por algún error que pueda cometer. Primero, reclama la libertad en todo, luego un axioma de tolerancia que la hace merecer vivas y aplausos de aquella gente interesada en escuchar su florilegio. Algo prolija —modalidad sui generis del pensador de la centuria—, podríase comparar con el niño que marca los primeros pasos; y aun así, simboliza a la venezolana formal.

El tema que acentúa es dominado cuando señala la falta de una base superior académica y la deficiencia del método a causa del atraso formativo que modelara en la misión más elevada de nuestra sociedad. Con recia postura y suficiente autoridad, declara cuidadosa el defecto de un orden en las destrezas de la enseñanza. Indica que sólo por la lógica se puede concebir el aceptar el método experimental y científico que conduce al laboratorio y forma a la mujer. Si árbitro fuera la mujer, asequible sería aplicar el raciocinio para fructífera en la empresa y hacendosa en el hogar contribuir con la sociedad. Naturalmente, sin la inclusión de la ciencia y sus principios fundamentales, truncadas quedarían las densas bases; y todo porque subestima la enseñanza en la comunidad por la carencia de recursos, desvirtuada y superficial cuando concierne al sexo femenino. Contrasta el sistema moderno progresivo, el carácter físico-intelectual, la moralidad y el cultivo social con los reputados ejercicios de la educación antigua. Manifiesta que cada una tiene su identidad, pormenores y reconocimiento.

Orgullosa de la congénere, con fuerte y elevado caudal, ilustra con imágenes precisas. Se hace preguntas al mismo tiempo sin menguar su palmaria dignidad de mujer. Hace un nuevo trazado con hincapié en el hogar y la maternidad. Otórguese reconocimiento a la múltiple función —consagración a la familia, rectitud al marido, crianza de los hijos—; respetemos por tanto a la fiel y dedicada esposa; a esa hija que se convierte en madre, a esa mujer de comunes obligaciones, la del potencial invisible, del triple compromiso: esposa, amante, confidente. En gratitud jamás debía de ser mal conceptuada; admirémosla como centinela de pormenores, catequista profesa, adjudicante, y siempre en la vigilia de todo bienestar. Se detiene en las obligaciones de la esposa, en el convenio fundamental que la coloca dignamente en la grada mayor.

Inspirada todo el tiempo, demuestra con grandiosa elocuencia la validez de su versión; utiliza para ilustrar los nombres de Chamfort, Jules Simón y Sócrates. De ellos extrae la idea y argumenta que la mujer venezolana es muy capaz y digna de superarse por conducto de la instrucción, sin importar lo limitado en cada una de las funciones públicas, ni las reglas comunes de presunción social por conveniencia.

Con buen talento y seriedad se vuelve a preguntar: ¿Cuáles son nuestros recursos? Al responder, señala: «la condición humana». Es que la mujer se ha mantenido siempre en la penumbra, sin poder expresar sus ideales, los cuales siempre callada va guardando, dispuesta todo el tiempo a no vociferar. No obstante sus discretas palabras, se rebela en nombre de todas las venezolanas; en el momento se percibe un poco de temor, de sospecha, y de algún desventurado fracaso. Su explicación ha quedado centrada en la deficiencia del método educativo, especialmente. Ha indicado descaros forjados por el hombre ante cualquier mujer que ha logrado expandir su nivel cultural. Irónica se conduce hasta llegar a las anécdotas que complementan su brillante discurso de léxico fluido.

Mira otros horizontes y se detiene en el avance profesional educativo de Francia y Alemania; refiere el hecho inmemorial de la Turquía. Exalta a esa primera mujer profesional en el campo de las leyes. Antes de llegar a la pausa, declara con franqueza el no poder compartir con todas las ideas de feminismo moderno; y dice hacerlo sencillamente porque esa actual doctrina «pretende formar cámaras de mujeres»; y también queda en desacuerdo con aquel hecho de «tomar parte en los votos de nuestras asambleas»; y todo por el efecto de la deficiente formación.

Un tanto retórica para culminar, vuelve a la madre; documenta con expresiones de Alfonso Lamartine, Juan Federico Schiller, Juan Wolfgang Goethe y Enrique IV. Continúa para enaltecer a San Luis en el instante que bendijera a sus dos madres, designándolas «modeladoras de su genio». Da fin Rosario Blanco a su disertación, cuando incita a la mujer venezolana a buscar no sólo las humanidades y la ciencia en su meta, más bien a Dios como base de la fuente en el estudio —concepto válido en el actual momento—: investigue la mujer las leyes y la ciencia, infunda en otros un conocimiento global, una tarea emprendida esencialmente por mujeres.

Su feminismo es para conspirar los ademanes toscos, adornos excesivos, modestia en el vestir. Comparable con Eulalia de Borbón, alude la mesura femenina. Nada más bello que las valiosas piedras bien lucidas a la luz de las lámparas; qué triste ver a la mujer en la calle cargada con alhajas, como el escaparate de un joyero y con fama grotesca, superficial, extravagante. Da fin a su monólogo con repetidas anécdotas chistosas —esas que a menudo se cuentan entre mujeres.

El pronunciamiento Blanco-Meaño, sirve de apoyo en la adopción y práctica del nuevo método de educación contemporáneo en Venezuela.

Orienta con sus frases; aboga por una toma de conciencia generalizada y en base a la condición femenina de su tiempo. Precursora, sugiere los proyectos didácticos-concretos, aplicables al mejoramiento profesional. Aunque no llega a penetrar en organización de estructuras ni procedimientos en un sistema educativo formal, clama por una mayor eficacia en las funciones técnicas. Su inteligible locución ha sido aporte efectivo en la moderna Venezuela, a favor de su hermana, la familia, sociedad.

A continuación, apreciemos las palabras del pensamiento de Rosario Blanco.

«Apuntaciones sobre la deficiencia del método educativo en la mujer venezolana»

Cuando las fuerzas no nos bastan, y sólo un impulso de estímulo más que de aptitud nos empuja a lanzarnos al azar de una empresa, debería con justicia llamársenos temerarias, casi inconscientes.

En verdad juzgo digno de censura que me arriesgue hoy por primera vez a exponer ante unos cerebros llenos de discernimiento, las pobres opiniones del mío, casi obtuso. Mis pocos alcances resaltan más en este recinto donde hemos oído a tanto conferencista eminente de claros conceptos y juicios elevados, entre los que obliga a encomios exquisitos, y permítaseme decirle por mil títulos, la distinguida pensadora doña Lucila de Pérez Díaz.

Para este primer ensayo de mi entendimiento, no he menester insistir mucho en solicitud de benevolencia a un concurso consciente y que por tanto sabe ser tolerante y ocultar con el arte del disimulo el desagrado que puedan producir en su interior mis ideas, la falta de conformidad o enlace de que ha de adolecer la enunciación de mis juicios, expuestos con la misma rudeza o timidez que acomete al novel enamorado que se turba y emociona ante el objeto de su predilección al pretender declarar el himno de su pasión.

Para el estado de prueba en que me hallo situada debe comparárseme al niño que da los primeros pasos. No es la cortesía la que impone brindar el apoyo de la mano solamente, sino también el impulso humanitario del corazón impregnado de los enternecimientos compasivos que excitan los males de otro prójimo, o, en este caso, soy vivo ejemplo del tema que voy a sostener: que la mujer necesita recibir una instrucción superior, que la que recibe es imperfecta para los deberes que va a llenar en la vida; deficiente para las aspiraciones legítimas y elevadas que surgen en su espíritu si ha de mantener decorosamente su misión en la marcha incesante de los adelantos sociales.

Yo sé que para desarrollar ese tema existen, como para alcanzar toda verdad, dos métodos, o sea, el orden en que debe situar los conocimientos para encaminarlos al fin que me propongo: el analítico o el sintético. Que el lógico imita al químico en sus procedimientos, une ideas para formar juicios y éstos para hacer raciocinios en juicios e ideas como el investigador del laboratorio. Pero ni poseo el manejo de ese método analítico o de invención que resuelve, ni el del sintético, o de doctrina que enseña a demostrar y exponer la verdad. Y todo porque la enseñanza que recibimos aquí es demasiado superficial en cuanto se roza con la obra de la razón aplicada a la necesidad de conocer. Esa falta de lógica, que es la disposición natural para discurrir con acierto sin el auxilio de la ciencia, nos perjudica en extremo y quizá motive el que toda obra nuestra sea tildada de incompleta y que se califique a la mujer de ilógica, que es lo mismo que llamarnos rebeldes a toda regla o doctrina. Cifra ésta que por cierto guardo en el abono con que cuento para disculpar mi torpeza en el encadenamiento de las ideas.

Juzgo oportuno a mi intento decir como Chamfort: «Es un signo de gran pobreza de espíritu para el hombre como para la mujer, evadir la ocasión de instruirse en la escuela de la experiencia». La experiencia de seguro nos resulta a veces cara, pero hay que apurar el sorbo amargo, para asegurarnos si sabe tan mal a todos.

La mujer es el tema muy de los pocos que podemos y debemos tratar todas y cada una de nosotras; es campo reducido si lo consideramos desde el punto de vista material; y extenso, necesario y casi obligatorio si nos colocamos a una altura que nos permita distinguir la situación social de cada pueblo. La mujer, entre nosotros, tiene un destino: educarse bien y aspirar a ser la madre de familia, el alma y el adorno de su casa. El gobierno de ella debe ser su única gloria. Ella tiene por natural instinto, apego a esta vida ocupada tan dulcemente, a estos detalles oscuros pero fructuosos. A ella están confiados el bienestar de su familia, la seguridad del marido, la educación de los hijos, la dicha de todos. Su tarea es sublime, grandiosa y en ella debe poner su corazón y sus fuerzas, en las tres condiciones de su vida; como hija, como esposa y como madre, puede ella ejercer, en el orden social, sobre el hombre y por el hombre una influencia que por ser a menudo invisible no es menos grande. El progreso moral de las poblaciones, así como la prosperidad de las familias, depende esencialmente de la educación de la mujer. Ella, destinada a una vida interior, lleva por instinto y por deber su atención y su vigilancia hasta los más pequeños detalles en el orden moral y material. El mejor, el más instruido de los padres, no puede hacer nada absolutamente para la educación de sus hijos, si su esposa no trabaja en concierto con él. Es la madre la que inicia en sus hijos el conocimiento de Dios; y es ella también quien por su sagacidad maternal sabe aprovechar los momentos en que un consejo o un reproche darán fruto: De ella reciben las primeras ideas del bien y del mal; ella, quien con la dulzura de un beso sobre la frente sabe despertar los primeros pensamientos de esos cerebros dormidos; y estas ideas, en miniatura, estos principios, esta educación que el hombre recibe de la mujer que le dio el ser, no se borrarán jamás de su recuerdo.

No siempre cumple ella el deber que lleva impuesto: ¿Cuántas veces el encanto más disparatado se apodera de un hombre, aun el más razonable, cuando se une a una mujer por los lazos del matrimonio? ¿No habéis notado que a manera de hechicería, algunas se imponen en su voluntad haciéndose dueñas de sus menores movimientos y deshaciendo casi siempre con sus ideas de locuelas lo que bien arreglado encuentran en la estructura moral de sus maridos? Estos convienen en todo lo que los espíritus malos o buenos de ellas inventan. Su carácter, los cambios de su espíritu, sus relaciones, sus intereses, todo depende del modo de ser de la mujer. No es común este estado de cosas ni todos los hogares tienen de seguro tanta suerte; pero en más de uno se ve la preponderancia impertinente de una mujer sin educación ni principios que amarga toda la paciente vida de un hombre. Todo se desprende de la educación intelectual que ha recibido. Ella, por su conducta y proceder es la única que puede hacerle al hombre la estada en su mansión amable o insoportable, siendo grata y buena o de un carácter intratable; ella enriquece o arruina su casa y es la causa de la dicha o desdicha de los suyos. Sí, nuestra misión es noble, nuestra misión es grande y faltaríamos a un gran deber si abandonáramos con negligencia todo lo que pueda instruirnos para emprender tan bella tarea, porque esta tarea engrandecedora necesita de agentes que ayuden a llevarla hasta el fin, llena de gloria. Como dije, la mujer venezolana está hoy destinada a ser la soberana de su hogar; «el centro de su familia» como dice Jules Simón, «la abeja reina de su colmena» como dijo Sócrates; pero para ser abeja reina y soberana hay que saber serlo, que aprender a serlo. A mi parecer y corto juicio ella está aquí destinada solamente a serlo todo, pero no veo, tal vez por efecto de óptica, la ejecución palpable de ese destino. Para mí, y ojalá esté errada, la mujer es clasificada en lo actual como mujer y nada más, al menos entre nosotros mismos. Se nos considera circunscritas al círculo estrecho de nuestros fueros sociales, como la rueda de la rueca que hila tan sólo para lo limitado.

«La mujer no tiene categoría» dijo alguien (quisiera creer que fue Napoleón) y sin categoría se nos señala casi siempre. Por ello comprimimos muchas veces los impulsos de sentimientos elevados que nos invaden, por eso cortamos el vuelo a ideas que viven ansiosas de expansión, y miedosas a la opinión, huimos a esconder los pensamientos que se nos pierden en el rincón oscuro del cerebro. Nunca he expuesto ideas mías; ante todo se ha opuesto a este deseo, el temor a no saber hacerlo y después a la censura de haberlo hecho. Arriesgándome hoy a la ventura de un desventurado fracaso quizá, me atrevo a contarles en secreto lo que yo he pensado acerca de nuestro método educativo, desde que considero a la mujer como influencia superior para los destinos y sosiego del hogar.

Lo primero que se hace de la mujer es inculcarle el amor al lujo, a la molicie y por consiguiente al odio; nos creen incapaces a todo. Ese embrutecimiento que invade los miembros oprimidos bajo una gran fatiga, ese embotamiento de la voluntad que nos produce el letargo, es la sensación que experimenta el cerebro femenino, cuando nace para vivir siendo sólo cerebro de mujer. Pereza de acción: si piensa en algo se fatiga, si se le somete a una pequeña prueba de retención, hace que trabaja y busca, pero al fin se siente acometida de modorra y sueño y se deja caer diciendo: no puedo. ¿Por qué no nos empeñamos en buscar, no a la altura del hombre, pero sí a un nivel que nos levante, una parte más activa en la vida? ¿Por qué de niñas no se nos inculca ese apego al cultivo de aptitudes que en verdad no alcanzan a dar celebridad, pero sí puliéndolas, brindarán el germen de ideas que enseñadas pueden se el norte que dirija a un cerebro engrandecido después? Por ejemplo, ¿una madre instruida no abre con más facilidad las puertas de la gloria a un hijo que sin sus enseñanzas sería mañana un hombre inútil? No me refiero a la influencia poderosa de la mujer en asuntos que sólo a hombres atañe, sino a la educación sólida, adornada por una mediana instrucción siquiera. De seguro que todas huimos al título que los hombres nos conceden cada vez que alguna incurra en la idea de estudiar, de saber, de salir del círculo de ignorancia en que nos encierra el hábito de la sociedad en que vivimos, queremos a toda costa librarnos del mote de bachilleras y marisabidillas; sobre todo, las que en el matrimonio ciframos nuestra ventura, pues cada caballero que haga alarde de entrar al gremio de señor casado, exclamaría ante las que a saber quieran dedicase, «con esa si no me caso yo, estoy dispuesto a buscar una mujer que me ponga chuletas de marrano y no de Pericles o Cantú. Para tener bachillera en casa prefiero someterme a un banco de escuela». ¿No es esto desconsolador?, es casi desesperante. Porque yo convengo en que una mujer puede hacer el guisado siempre que para reposarse lea un poquito a la Bruyere o Balzac. Mme. Savignac nos refiere un detalle de la vida de su gran amiga Mme. Desbordes, una de las primeras y más exquisitas poetisas del siglo XVIII; nos dice: Mme. Desbordes a pesar de su celebridad no era rica, fui un día a devolverle una visita y la encontré en la habitación de sus hijos ante una mesa, rodeada de dos cunas; mecía y sonreía a los niños mientras atendía una cacerola donde se guisaba un trozo de carne a la burguesa, y a media voz repetía un cuarteto que acababa de componer. La contemplé hasta que se apercibió de mi presencia. Como mujer de talento acogió mi sorpresa celebrando en una carcajada la mezcla de sus ocupaciones. Y bien, querida, convenid en que a pesar de vivir en las altas esferas del idealismo sé preparar bastante bien la carne de los mortales. Oh, Dios, exclamé, qué duro debe ser bajar desde tan alto. Me vio casi con compasión diciéndome: «Más dulce es levantarse cuando se está tan bajo». Según Eginhard, el hogar de Carlomagno estaba adornado con mujeres, distinguidas en el estudio como en el aderezo de ensaladas y zalzas.

En Alemania, no esperaron las luces civilizadoras del siglo XX para imponer la instrucción femenina como un deber. Desde 100 años atrás, es la alemana superior a nosotras, en saber; ella surge estudiando. Y así en Francia donde Mme. Maintenon y Mme. Campan formaron a la actual generación, abuelas, capaces de llenar su misión de madres.

Hasta en Turquía se desenvuelve ya la aspiración de sus mujeres por adquirir conocimiento, nos lo prueba Mme. Mickel, la primera abogada turca.

Para aprender, nos dice la Condesa Drahajoweka, la alemana no reconoce categoría; y son nuestras nobles las que primero trabajan en ello. Entre nosotras pasa lo contrario, la riqueza y el nombre son murallas que se levantan en nuestros nacientes horizontes, echando sombras sobre el campo poco sembrado todavía del trabajo y de las letras, en donde es surco abierto la voluntad y espiga de oro el pensamiento.

Ya veis, pues, cómo es posible saber de todo un poco. No pongamos atención a las impertinencias de nuestros contrarios, que a pesar de todo, conocen mejor que nosotras la ventaja de que sepamos hacerles la mitad de su tarea. El hombre no evita nunca las oportunidades de convencernos que gracias a su trabajo él es el único agente esencial de la producción. A nadie le consta, pero todos lo admiten; de allí su actitud predominando en el hogar; aportándolo casi todo, él se imagina a pie firme que es más necesario que la mujer.

Hay allí un error que combatir, siempre que ella contribuya con su esfuerzo a secundarle aprendiendo el medio de prestarle ayuda, pues de lo contrario concedo voluntaria mi voto al caballero y retiro la buena defensa a la mujer. Para alcanzar la razón, necesitamos precisamente esas aptitudes que nos brinda sólo el estudio. «La mujer, dice Godimus, es la que vuelve al hombre sensato, es ella quien lo inspira, lo sostiene, lo atrae al hogar, lo enseña a amar, lo vuelve feliz. ¿Fue creada, con ese fin?» Y ¿podrá ella dar al hombre esas cualidades que no posee? porque no es la mujer por naturaleza prudente y sensata, será un terreno abonado con su dulzura y perspicacia, un molde presto a dar la forma al contenido, pero es un molde vacío en ocasiones.

No penséis que comparto las ideas del feminismo moderno, que pretende formar cámaras de mujeres; no me parece muy ventajoso el porvenir del honor público si tomáramos parte en los votos de nuestras asambleas; y me atrevería a jurar que el tesoro confiado a nuestras manos, en las circunstancias que ofrece la educación poco sólida que se nos da, no tardaría ni un día para mudarse a la caja de la casa de moda más elegante. Somos débiles, demasiado débiles y una lágrima nos deja más ventaja que un insulto, puesto que las primeras son armas más adecuadas a nuestras fuerzas, que la rudeza del segundo. Nos lo dice la célebre Miropolski, quien en uno de sus debates en que ofrecía su defensa a un acusado cuya causa no tenía salvación, le dice a su contrario: «Perdonadle señor», con el temblor que da a la voz la emoción precursora de una lágrima. Roguemos, no salgamos de nuestro círculo de sumisión a las leyes obligatorias de la naturaleza, pero aprendamos a hacernos un objeto, del empleo de las pocas fuerzas que se nos dan. Me parece más halagadora la vida cuando se nos brinda fuera de esos mil nadas concedidos a nosotras, algo más grande, más dulce, más suave y que nos va nutriendo hasta hacernos necesarias y menos pequeñas, sin volvernos por eso importunas ni altaneras. La moda. el paseo, el flirt, el baile, todo eso se nos ofrece en abundancia como a niños glotones, sin pensar que la hartura llega siempre y que el espíritu nació para algo superior a los placeres vanos. Un maniquí cargado de brillantes, una ambulancia de sedas, plumas y locuras es la mujer que olvida el alma que posee. Un alma..., si a todas se nos hiciera pensar un poco en este tesoro precioso que llevamos, en este cuarzo gigantesco que pide pulitura para lucir en todo su esplendor, ¡cuán distinto fuera! El arte, ese mágico buril que talla todos los bloques, tendría una entrada en cada una de nuestras almas, aposentando en nuestros cerebros, no el recuento insulso de pensamientos imposibles que se llama romanticismo y que vuelve de cada cabeza una jaula de murciélagos, sino el apego a la adquirencia de ideas elevadas que trae consigo el estudio y que sabría hacer de un alma femenina, compuesta de todas las delicadezas y destinada al pedestal de la maternidad, la creación más perfecta que pueda concebirse de la mujer social. Así nos lo dice Maurice Block al hablar de ella. «La mujer necesita estudiar para dar sabios, pues a ella toca modelar los cerebros y corazones que se le confíen.» Para mí el grado de inteligencia y sabiduría que alcance un hijo es debido a los esfuerzos   de una madre. Por eso digo: Tal madre, tal hijo.

Lamartine al hablar de su madre, de aquella madre venerada por él, exclama: «Mi educación nació oyendo el alma de mi madre; sin ella no hubiera comprendido la naturaleza que tenía ante mis ojos; ella me dirigía haciéndome leer en el gran libro», y yo agrego, en ese libro donde el abecedario era Dios. Y así Parmentier, Schiller, Goethe, Enrique IV, San Louis, en sus memorias bendicen el nombre de sus madres, llamándolas modeladoras de sus genios.

¿Porqué, pues, a imitación de esas grandes y nobles mujeres, no vamos nosotras las venezolanas buscando en el estudio de Dios y de los hombres la ciencia de ser más que mujeres? ¿No encuentran ustedes que es un problema bien fácil y nada productivo el de la coquetería? ¿Cuántos disparates y locuras inventamos en nuestro deseo de aparecer mejores; y cuántas veces también más de un fiasco nos hace renegar de ellos aun a nuestro pesar? Las abisinias pueden servir como tipos de ejemplo para retratar nuestro amor al buen parecer. Ellas toman su tez bastante bronceada, por un ultraje, y la cambian gustosas en un tinte café con leche sometiéndose por meses enteros a la acción de un zahumerio corrosivo que les hace mudar por completo la piel y que regularmente les da más resultado que un baño de tintura de yodo. Ante su cambio se deleitan encontrándose deliciosas.

Nosotras no cometemos tantas extravagancias, nos diremos; somos más razonables y hacemos cosas más útiles. Y no mentimos; ¿qué hace ponernos un poco de rojo en los labios, negro a los ojos, cambiar en rubios nuestros cabellos, pincharnos las orejas, etc. etc.? No hay en verdad comparación; poseemos al menos las luces de la civilización. Sí, es muy poco hacer, pero es bastante dejar de haber hecho. No estamos en el siglo de Cornelia, pero bien nos sentaría presentar a los ojos de nuestras amigas más ostentosas de brillantes un par de salomones como los Gracos, constituyendo nuestros únicos ornamentos.

Hay una fábula moderna sobre una señora rica y noble, pero vieja, que tomó la manía de cambiar su extrema severidad, adoptando

Señorita Rosario Blanco Meaño

en lugar de su traje negro, varios: rosa, azul, verde, etc.; se hace traer una masajista y se suma a una clase donde debe tomar lecciones de cultivo para la belleza. Este ardor pasó sobre su pobre cabeza blanca como la brisa de la noche sobre las rosas de Hispania; dejó su sueño, de pronto, sobresaltada, la despertó la carcajada burlesca de la juventud que la contemplaba por un postigo de su alcoba, afanada, buscando la pasta que se había caído de sus manos, rebelde a rellenar una persistente pata de gallo.

Rosario Blanco Meaño

Caracas, marzo de 1912

EN LA ACADEMIA DE BELLAS ARTES

Señorita Rosario Blanco Meaño

Apuntaciones sobre la deficiencia del método educativo en la mujer venezolana

EN EL CONCEJO MUNICIPAL

El Concejo Municipal por mandato del artículo 12 de la Constitución venezolana, establece guardar la autonomía municipal en el distrito Federal y los Territorios Federales. La labor de esta casa municipal es asumir responsabilidades para el beneficio de la comunidad. Integrada por funcionarios de variadas ideologías y mentalidades diferentes, celosos desempeñan los miembros sus funciones dispuestos a alcanzar distintas metas conscientes de sus fueros.

Antigua trayectoria la del ilustre Concejo Municipal con su posible origen en las comunidades de la India, del remoto Egipto, o en cada ciudad de la leyenda griega. Se podría clarificar el concepto de esta organización municipal de los romanos, quienes fueron los verdaderos impositores de la organización municipal española. Desde aquel tiempo, a hito, hemos visto la formación de Cabildos, del Ayuntamiento, de la Organización Local; conocido en término moderno Concejo Municipal. No de fondo ni estructura romana, más bien un centro responsable de las necesidades ciudadanas y con autoridad reglamentada para beneficiar. Señala la historia el arribo de algunas tribus de los samios, de los fenicios, los cartagineses a las Españas donde estaban las tierras habitadas por pastores y nómadas en la época del desastre cartaginés; es aquí cuando instituye Roma el organismo municipal que se va a proyectar hasta nosotros con diversidades de privilegios y con la reconocida autonomía.

Sería correcto primero disertar un poco sobre la historia del Cabildo en la América Hispana, y basado en la investigación es importante mencionar al bien autorizado catedrático de la Universidad de México, profesor Alberto María Carreño, cuando nos habla de Hernán Cortés en

31

su expedición desde Sanlúcar de Barrameda hacia las Indias Occidentales para venir a la aventura. Las tierras del Nuevo Continente estaban totalmente dominadas por españoles y portugueses; y, cuando llega Cortés a Santo Domingo, no encuentra la alegría y sigue a Cuba donde queda residenciado por un tiempo. Luego de alcanzada la conquista de México, se da cuenta cómo la disciplina de toda casa pública va ajustada a prácticas que siguen las normas de las municipalidades españolas. Así, una vez que poblara la Villa Rica de Veracruz, organiza una junta compuesta de un alcalde y concejales para la administración de aquel pueblo. Seguidamente hace llegar hasta los Reyes de España su Carta de Relación, fechada el 10 de julio de 1519. al designar alcaldes, regidores, escribientes, ha llegado Cortés a la creación del verdadero Ayuntamiento o Cabildo en este lado del Atlántico, pues aparece la primera legislación municipal en un pueblo de Nueva España.

Como es natural, esta institución ha sufrido todos los embates de la vida general de México; se han conocido miembros dignos y solventes, con observancias paralelas a otros Concejos Municipales, con los ciudadanos más populares y conscientes, aun cuando sea una grata ficción jurídica.[1]

Es notable el proceso de evolución del Cabildo venezolano, desde su fundación hasta el presente. Las primeras sesiones realizadas en la fachada actual del Ministerio de Relaciones Exteriores, frente a la Plaza Bolívar, donde ocurrió la asamblea del 19 de abril de 1810 —firma del Acta de Independencia venezolana—. Más tarde se celebraron otras funciones en una residencia de la Esquina de Sociedad, y, finalmente, en la sede de la capilla del Seminario Santa Rosa de Lima, transformada en la Universidad Real y Pontificia —actual recinto—. Interesantes acontecimientos públicos fueron celebrados en la capilla del Seminario, en especial las reuniones del Congreso y la célebre del decreto de Independencia en 1811. En esta sede se juramentaron presidentes de Venezuela el doctor José María Vargas, el general José Antonio Páez, y el general Carlos Soublette-Jerez Aristeguieta.

El edificio ha sufrido transformaciones: en época del presidente Antonio Guzmán-Blanco, ilustre americano, fue modificada la capilla; durante el régimen del general Cipriano Castro se realizó otro cambio

---

[1] Instituto Interamericano de Historia Municipal e Institucional. Habana, Cuba. Diciembre, 1953.

con miras a preservar el valioso recinto: sede de meritorias Actas a partir de 1573, de cuantiosos documentos, de preciosos cuadros.

Hoy día el ilustre Concejo Municipal del Distrito Federal desempeña funciones atribuidas por la Constitución Nacional bajo los reglamentos de la Ley Orgánica, y, veinticinco concejales representan a las parroquias urbanas y foráneas en la extensión del Distrito Federal. Ellos mismos seleccionan la Junta Directiva y sigue el orden del presidente, primero y segundo vicepresidente, el secretario general, subsecretario y cronista de la ciudad con las distintas comisiones de legislación. Entre éstas se encuentran servicios públicos de urbanismo, economía, bienestar social, guarderías, inmuebles, educación, catastro, cultura, seguridad, relaciones públicas y un directorio de museos. Las comisiones a cargo de los concejales «elaboran, cada cual en lo atinente a cada una de ellas, proyectos, planes, programas, para el mayor bien de la comunidad del Distrito Federal y el esplendor de la ciudad, que son sometidas a la consideración del Cuerpo».[1]

Digno de reconocimiento y admiración es la fuente del urbanismo mantenido por el Concejo. El hombre con sus cualidades físicas y morales impone sus principios, preconiza la higiene, y sirve de modelo en la acción de la sociedad y su progreso.

El Municipio ha sido siempre una institución legal con base jurídica que surge de la Constitución del Estado. Su fuerza jurídica le permite guardar su autonomía y expandirse de acuerdo a sus preceptos constitucionales. Esta organización municipal es de carácter legalista y siempre está sujeta a las variaciones que la Constitución y las leyes le otorguen. El Municipio tiene entonces como punto de partida la declaración constitucional y la ley adaptada a su organización de acuerdo a las necesidades locales y conforme a su propia fisonomía. El Municipio como entidad social tiene una existencia anterior a la del Estado; reconoce su primacía, le señala una esfera de acción propia que el Estado no puede restringir sin desconocer. La existencia del municipio como unidad viviente es de origen ajeno y anterior a la del Estado. Su realización en términos sociales tiene funciones distintas que no podrían sustraerse de los fundamentos constitucionales.[2]

---

[1] Carmen del Valle Blanco, *El Concejo Municipal de Caracas — Desde la Fundación de la Ciudad hasta hoy* (Caracas: Servicio Gráfico Editorial, S. A., 1981), p. 53.

[2] Cino Vitta, *Diritto Administrativo*, Torino, 1937.

En la Venezuela moderna, después de la derrota del presidente Marcos Pérez-Jiménez, comienzan a seleccionarse los nombres para las elecciones del nuevo presidente, Vicepresidente y otros miembros del Concejo Municipal de Caracas. El reconocido jurista *venezolano*, Dr. Jóvito Villalba, conversa con el Dr. Raúl Díaz Legorburú, secretario general de la organización política Unión Republicana Democrática en el Distrito Federal, y le sugiere la idea de incluir a Rosario Blanco de Auzeau en la columna selectiva de candidatos concejales.

El Dr. Villalba con naturalidad y un buen sentido del humor, agrega «es una mujer de valía, palabra fluida, inteligente, además la única solterona de la familia Blanco-Meaño, porque ya tiene años de viudez».[1] Una vez favorecida en la elección realizada en 1958, conjuntamente para nombrar al presidente de la República, a los miembros del Congreso Nacional y de las Asambleas Legislativas, cuando también fueran electos como presidente del Concejo municipal el Dr. Raúl Díaz-Legorburú, y primero y segundo vicepresidente los doctores Eduardo Tamayo-Gascue y Eduardo Gallegos-Mancera, respectivamente; fue nombrado secretario el Dr. Julio Castro-Guevara, y concejales el Dr. J. A. Pérez Díaz y la señora Leonor de Brandt.[2] Las crónicas de Caracas y del Concejo Municipal la nombran en los volúmenes VIII, IX, X y XI; una vez en 1960, encargada de organizar los actos para conmemorar el 19 de abril de 1810, fecha en que se firmara el Acta de la Independencia de Venezuela; otra, para integrar el jurado del Premio Municipal de Poseía 1962.

Para representarla mejor nos valemos de la experiencia que tuvo con ella en el trato y labores profesionales compartidas el Dr. Raúl Díaz-Legorburú, funcionario de larga vida municipal iniciada por lo menos dos años después de la muerte del general Juan Vicente Gómez, cuando fuera en 1937 el general Eleazar López-Contreras, presidente de Venezuela y se realizaran las primeras elecciones municipales llamadas independientes. Fue en ese entonces cuando una mayoría de candidatos postulados por las parroquias de Caracas triunfara en el Concejo Municipal —gente de izquierda, mentalidades avanzadas, el grupo de nuevos pensadores y políticos— presidido por el reconocido profesor Dr. Carlos Morales. El momento fue caracterizado por la actividad y el progreso. En ese mismo tiempo inició el Dr. Díaz-Legorburú su carrera política y

---

[1] Luis Villalba-Villalba, en conversación con el autor, Caracas 27 de abril de 1991.
[2] Crónicas de Caracas, enero-marzo 1960.

34

actividad municipal, entusiasmado por agregarse a los cuerpos legislativos, dispuesto siempre al municipio. Ahora comparte responsabilidades con la señora Blanco de Auzeau en el período iniciado a partir de enero de 1959 hasta diciembre de 1963. El presidente del Concejo Municipal la define en sus funciones de concejal como una mujer cuidadosa, pulcra y talentosa; esmerada y activa, excelente comportamiento. Admirada por todos en su despacho, cumplió siempre su obligación municipal, pues fue abnegada con sentimiento humanitario.[1] Por tanto, Rosario Blanco de Auzeau, fue siempre modeladora de realidades en el Concejo Municipal de Caracas.

---

[1] Conversación con el autor, Quinta Los Díaz, Santa Sofía, Caracas - Abril, 1991.

EL PRESO POLITICO

Fr. Luis de León

La trayectoria administrativa del general Juan Vicente Gómez en Venezuela durante un período de veintisiete años es muy discutida en su modalidad política y en alto difícil de juzgar.

De una forma el lapso de gobierno gomecista ha sido calificado por muchos como una poderosa etapa de progreso, quietud y riqueza que mantuvo Venezuela aquellos días, cuando el Estado acordó facilitar al campesino la posesión gratuita y legal de una parcela para superar el cultivo, bajo un coordinado plan de política agraria. Es evidente que durante la acción de ese gobierno, el progreso en general dependió prudentemente del tesoro nacional, ajustado a la economía. Epoca de las buenas y abundantes cosechas, del orden público y la seguridad colectiva. Se confirmó que la deuda pública venezolana no llegaba a alcanzar los 100 millones de pesos, y la moneda conservaba igualdad al ser comparada con el dólar americano. La educación pública por otra parte, y de acuerdo a las necesidades de entonces, fue calificada satisfactoria. Y las relaciones exteriores se mantuvieron con igualdad entre las distintas naciones por el debido cumplimiento del principio internacional.

En esa etapa fue eliminado el caudillismo; el general Gómez, de modo privilegiado se rodeó en su poder de los hombres más capaces y mejor preparados para los servicios públicos. Con acierto el Ministerio de Relaciones Exteriores, enviaba a las distintas legaciones y embajadas un personal diplomático y selecto que dignamente representaba a Venezuela en el extranjero.

Hombre de admirable perseverancia, no sólo se dispuso a cumplir con su objetivo, sino que trató de lograr sus metas y ambiciones con suficiente audacia. «Preveía exactamente la situación que pudiera advenir

37

contra sus métodos y tomaba anticipadamente para impedirlo las adecuadas posiciones estratégicas».[1]

De este disciplinado general se conservan anécdotas excepcionales como de los grandes conductores de hombres que desfilan en la historia, donde sobresale la fe y la confianza de sí mismo. Se ha comentado de su sagacidad mental y de su magnífica cualidad para adiestrar a sus allegados. Han quedado marcados aspectos paralelos con otros presidentes anteriores a su gobierno como lo fueron: José Antonio Páez, José Tadeo Monagas, Antonio Guzmán-Blanco y Joaquín Crespo —hombres recios y respetados, de elevado carácter—. Sin embargo, desde 1919 nótanse las hazañas del benemérito general y su inflexibilidad ante cualquier suceso humano a la vista de todos, de las sospechas y sus sanciones para todos los opuestos a sus dictámenes, en especial los militantes jóvenes. Los hechos del 15 de enero de ese año conocido como «El Año Terrible», en La Rotunda de Caracas se registraron un número crecido de torturas y episodios contingentes. Más tarde, en el Castillo Libertador de Puerto Cabello se realizaron crímenes desastrosos con hombres justos por el descontento político que imperaba en Venezuela.

En el momento de celebrar la Semana del Estudiante, iniciada el 6 de febrero de 1928 por los universitarios de la Federación de Estudiantes Venezolanos, se aprovechó la oportunidad de los festejos para censurar al presidente Gómez y su gobierno, movidos todos por el hostil comportamiento de aquel régimen con los presos políticos. En masa los universitarios con boinas azules en sus cabezas, desfilaron por las calles seguidos de un numeroso público. Por primera vez en esta dictadura se escucharon las proclamas y los discursos por las calles, pues era un pueblo donde la gente temerosa y prevenida no llegaba jamás a emitir opiniones ni aunque se concediera la interesada recompensa. Este es un modo de apreciar la vida de Caracas y toda Venezuela, desde que el presidente Gómez tomó el poder cuando se ausentara a someterse a un tratamiento médico el depuesto presidente Cipriano Castro en 1908.

Como resultado fueron enviados desde Caracas al Castillo Libertador de Puerto Cabello más de doscientos estudiantes; historia penosa y lamentable de contar. Después de numerosos esfuerzos y de las peticiones enviadas por solventes personalidades, como fuera la hecha por el

---

[1] Ramón David León, *El Brujo de la Mulera* (Caracas: Fondo Editorial Común, segunda edición, mayo 1977), p. 37.

reputado escritor mirandino Rafael Arévalo González, se logra poner en libertad a los estudiantes.

Merece reconocimiento el episodio histórico de El Falke, nave que zarpara desde el puerto de Hamburgo en Alemania con dirección a las costas del Caribe —península de Araya— y arrojara en el agua su pertrecho de guerra próximo a Cumaná.

Culmina el suceso con la tragedia y cuadro desolador del general Román Delgado Chalbaud, Armando Zuloaga-Blanco, «Estudiante Heróico» y Pedro Elías Aristeguieta —Hijo egregio de Cumaná, sobrino bisnieto del mariscal Antonio José de Sucre y descendiente de la familia Bolívar—. Aquel 11 de agosto de 1929 se inmortaliza el orgulloso general Delgado cuando herido en el momento mismo de desplegar el tricolor con siete estrellas, cayera sobre el tejido blanco y gustoso comunicara que moría ofreciendo su vida por la patria; y todo, después que se escuchara el «ya está» de su voz, y se viera expirar sobre el lienzo venezolano. Dos días más tarde, procedente de Peñas Negras, pesquerías de los Aristeguieta al norte de la península de Araya, combate heróicamente Pedro Elías Aristeguieta al lado del joven capitán Luis Rafael Pimentel, hasta sacrificar su vida en Santa Ana del Pilar. Y todo por derrotar la dictadura gomecista.

Escenas delictivas se multiplican entre los años 1929-1930, en el momento de hallarse encarcelados una pléyade de hombres talentosos, muchos de ellos todavía con asistencia a la universidad, otros que fueron complicados en el proceso de la revolución, y todos se encontraban repartidos en los seis calabozos y «El Tigrito» que constituían «El Rastrillo» del fuerte con historia colonial.

La primera labor en conjunto fue fundar a su modo un círculo de estudios que ellos con orgullo y buen humor llamaron «Primera Universidad Popular de Venezuela». El grupo de integrantes guardaba su cariño, respeto y admiración por la pequeña facultad. Por sobre todo hay que admirar grandemente el lirismo de aquellos hombres profusos en palabras, con fluidez admirable, esmerados en convertir aquel castillo miserable en Academia Griega o Parnaso Francés; unos más que otros con la fuerza poética en la sangre, intensidad en la expresión y un realismo acentuado en el verso con divinas cadencias.

Conocedora de los hechos políticos efectuados en el país desde el 7 de abril de 1928, Rosario Blanco inicia su labor como mediadora entre los presos, sus familiares, amigos y pueblo. Sirve de fortaleza y fe, porque concede la esperanza desde que se hallan en La Rotunda. Sabe colocar muy en alto el nombre de la mujer venezolana, pues es por su patriótica actuación bajo la tiranía que ve agitarse las ideas de una patria nueva para el espíritu cristiano, y los presos le dedican palabras, frases y poemas en las páginas blancas y los márgenes del tomo de Poesías Selectas de Fray Luis de León, editado en París por la Casa Editorial-Ibero-Americana; pliegos tan adecuados para que estos hombres estimables exterioricen sus vehementes deseos.

FR. LUIS DE LEON

Antecedentes personales

Nace Fr. Luis en Belmonte de la Mancha, actual provincia de Cuenca —de acuerdo a los autores modernos en 1527 ó 1528, sin fecha exacta de nacimiento—. Hijo de doña Inés de Varela y don Lope de León (Consejero Real); constituyen sus respetados padres un conjunto valioso en la esfera de aquellos pueblos donde renace la vida cada año en la exquisita primavera y se disfruta en el otoño a la caída de la hoja. El niño es conducido a Madrid, luego a Valladolid para adquirir su primera formación. Posteriormente se traslada a Salamanca hospedándose en la residencia de su tío Francisco de León, catedrático en la Facultad de Derecho de la reconocida Universidad. Crusenius, su primer biógrafo, hace un relato en sumo interesante para dejar trazado el perfil y comportamiento del admirable joven.

De poca edad marca con el grafito las palabras sujetas a medida y cadencia, más adelante firmará con la rúbrica falsa de Luis Maior. Adolescente transita del otro lado de la reja y deja ver su cuerpo bien formado aunque presente las complexiones débiles a causa de la mucha dedicación al estudio y trabajo religioso. Perseverante y de espíritu callado, no es absorbido por el ambiente estudiantil, ni razonable el condiscípulo que va a la gresca por los cortos pasajes de Salamanca, más bien corresponde a los pocos amigos que pueden comprenderlo.

Ingresa a la vida religiosa en el convento agustino de San Pedro. Profesa a los dieciséis años[1] cuando ofrece los votos de pobreza, castidad y obediencia. Estudia filosofía, cursa la teología y el dogma en la universidad hasta graduarse. Es nombrado lector en el otro convento de la Orden en Soria; más tarde se convierte profesor y alcanzará la cátedra

---

[1] Alberto Barasoain, *Fr. Luis de León* (Madrid: Ediciones Júcar, 1973), p. 25.

de Santo Tomás y otras más distinguidas por reñida oposición. Docto y del todo equilibrado justifica su reconocimiento como el hombre renacentista de las artes, humanidades, ciencia.

Distintivo intelectual

Es sorprendente el dinamismo de Fray Luis de León y Varela cuando existiera por casi medio siglo en una etapa de florecimiento humanístico, despertar de las artes y retorno del molde grecolatino que no logra cambiar los rasgos definidos de la fisonomía peninsular.

Cultiva en su juventud la poesía, traduce del griego o del latín, ejercítase en la oratoria y enseñanza hasta hacer luz en los textos sagrados. Su actividad literaria comienza antes de su interés por los estudios humanísticos. Distingue en la conversación ampliada en la tertulia o en la clase; preséntase fluido en sus ensayos difundidos por conducto de la imprenta de Portinarii. En ese medio salmantino corresponde con poemas, escribe en la lengua de Heráclito, traduce de Aristóteles, hace arreglos con las Odas de Horacio, navega por los mares de escondidos azules, y entre naufragios ceñido al mástil de una nave. En Madrid y Belmonte realiza la pulcra traducción del fino verso —octava rima—, del Cantar de los Cantares; mejora actualizando ideas y expresiones de la Vulgata; de esta forma, adquiere una fama de poeta totalmente desconocida pero guardada por sus amigos y escritores en el recinto de Salamanca. De inmediato acometerán muchas personas en conjunto desarrollando la ojeriza hasta la delación y el proceso, resultado de la inconformidad del ambicioso. De la cárcel saldrán versos ahogados de desesperación y tormento; amplía la meditación en las horas de soledad, trabaja eficazmente en las Odas y otros poemas, organiza la versión tradicional —octava rima— con preciados matices y deleite coloquial de las liras de los Cantares de Salomón.

Sobresaliente en la dialéctica: cambia, niega y contradice la palabra que dimana de los dictados ofrecidos por la vieja retórica ya transformada desde la época medieval. Expresa con nueva fase y da vitalidad al diálogo; y, ecléctico toma del monte pagano de Focida todo lo que ennoblece y perfecciona al verso. Por la polifonía ideológica es conducido al tribunal donde suscita curiosa interrogante ante el juez sorprendido por su conducta de cristiano, expositor de Sagrada Escritura y sacerdote conventual.

Primera etapa de inclinación literaria

Cualquier acto de inteligencia constituye de por sí una tarea de molde intelectual. Fr. Luis ha debido escuchar de labios de su madre frases sutiles y sonidos acordes que más tarde dieran pábulo para despertar esa sonoridad y frescura localizada en sus poemas.

Ha de juzgarse ligeramente la motivación del pequeño en torno a su conducta afectiva, inteligencia y razón. Desde el lenguaje artístico expresado hasta su etapa de socialización identifica un giro lingüístico de frases poéticas sorprendentes en el ingenuo mundo de su fantasía. Mucho se ha discutido sobre la génesis y evolución inteligible, también de las tendencias y asociaciones de acuerdo a la etapa experimental. Así, se instrumenta la inteligencia enriquecida con variedad de situaciones que paso a paso señalan el primer acto reflejo hasta que evoluciona en la función abstracta. Cuando domina la imaginación, compondrá los primeros poemas de cantos a la Virgen, canciones que fueron abandonadas por él mismo y que nunca llegó a pensar podrían interesar a ningún público. Esas primeras rimas fueron de mano en mano y las dieron a conocer con nombres de autores diferentes; así fueron adulteradas.[1] Fr. Luis desentendido y en sumo grado indiferente porque no llegaba a pensar en el ardid de los aficionados, cuando tomó la decisión de darse a conocer, era bastante tarde; sus trabajos estaban dispersos y hasta viajaban por el extranjero para ser declamados o llevados a la imprenta. Gracias al buen amigo Francisco de las Brozas, quien incidentalmente introdujera el nombre de Fr. Luis como poeta. Cumple decir que el agustino se hallaba recluido en la prisión cuando se leyera su nombre, y cumple también que no estuvo motivado después del fallecimiento del amigo de Las Brozas.

El juego y la abundancia de palabras había comenzado en tiempos de la adolescencia y se conocieron las expresiones gratas y simple preocupación de acuerdo a él por la rima. El paisaje es entonces rasgo particular, clave sencilla para los versos iniciales, luego la Oración y los Sonetos, finalmente la lira y todos los poemas. Inferimos de las premisas el alfa: tiempo y panorama en el tiempo que compusiera los buenos versos en latín con las calurosas expresiones a la Virgen, y la traducción de sonetos y oraciones para ser recitados en las Iglesias, a una temprana edad, y todo como sincera recreación formal del verso.

---

[1] Fr. Antolín Merino, *Obras del M. Fr. Luis de León* (Madrid: Ibarra. Impresor de Cámara de S. M., 1816), III.

Del estilo

Identificados sus versos por el signo epistemológico, finura de lirismo y oscuridad de pensamiento; ha de apreciarse considerable evolución por efectos del hermoso lenguaje, estrofas de cinco versos y rima consonante en el lapso transformador de humanismo renacentista.

Artífice y maestro de las letras en una época grandiosa y perdurable de España, impone sus cadencias elaboradas con la mejor enjundia metafórica comunicándose con Dios y con los hombres en su trayecto que sigue por senderos distintos, al margen de dramáticas vías y tentativas de aventura poética.

Odas de corte italiano y estructura petrarquista; de un estilo proporcionado y elegante, sencillo por el caudal de léxico castizo, sujeto a los conceptos, reminiscencias y a la disposición de otros poetas y sabios de Bizancio. Por la experiencia en la prisión, muchos de sus trabajos vislumbran amargura, descontento o pesar; aun así, su poesía es reflejo del ascetismo e intensa búsqueda de la mística que no logra encontrar por las inquietudes que lleva. Se advierte en la modalidad luisiana un número de imágenes oscuras, giros de controversia que muchas veces no logran comprenderse, entonces pasajes enigmáticos con bases metafóricas de raíces hundidas en los textos sagrados y en la prosa de la Patrística de amplia influencia en la literatura religiosa.[1] En sus Odas prevalece la lira, tres heptasílabos y dos endecasílabos rimados, con cierta particularidad adquirida de Garcilaso de la Vega; versos de implicaciones múltiples, sin la prolijidad sintáctica, ni la afición por la palabra rebuscada. Concede el Espíritu Santo los preciados talentos, y suya la defensa de la lengua de Castilla impuesta por el conquistador del Gran Imperio —hablar a la romana—. Apacigua tenaz en la contienda que surgiera entre los defensores de la tendencia culta y afectada opuesta a los adictos de Fr. Luis que siguen una corriente popular con predominio de la idea, espontaneidad del estilo y color del paisaje. Sígase pues el ejemplo del ético ateniense y sirva la conciencia de Sócrates para incitar en la tarea formativa con antecedentes en el oráculo de Delfos. Manifiéstese el nuevo canon del pensamiento filosófico; de base la introspección cristiana «conócete a ti mismo» con todos los haberes expuestos en el libro de Job; los giros,

---

[1] Ricardo Senabre, *Tres estudios sobre Fr. Luis de León* (Salamanca: Gráficos Europa, 1978), p. 24.

frases y cláusulas *De los nombres de Cristo:* diálogo de tradición erasmista con base en los hechos del Evangelio.[1]

En cada verso está presente la calidad hermética y rasgo metafísico de exegeta que moderniza conceptos anticuados; sólida la aserción del tono impersonal, el simple vocativo y actitudes internas donde muchas veces no se puede colegir nada; es de notarse la inclusión de los giros semánticos y, en cierta Oda el uso de la anáfora al comienzo de cada estrofa. Aunque haya dicho que compuso tan sólo por inclinación, más que por juicio y voluntad, algo distinto a Teresa de Ahumada, ha tenido por el estilo que medir, rehacer y clasificar para alcanzar ese concepto acorde depurado cuya fruición estética lo asciende a vivir la eternidad divina aquí en la tierra, en ese cosmo de Pitágoras, instado ya por los proverbios de Pablo y Agustín.

---

[1] Julio Baena, *El Poemario de Fr. Luis de León* (New York: Peter Lang Publishing, Inc., 1989), p. 39.

VENEZOLANA Y UNIVERSAL

Destaca un poco más su recia pose por el abundante y crinado pelo negro: corto en su primera juventud, largo después, sin ser exagerado; exhibía un singular aspecto de persona sobresaliente. Y en épocas distintas, dos fotógrafos reconocidos en hacer fotos a mujeres elegantes de la sociedad venezolana, reflejan la expresión de una mujer en sumo interesante.

De una impresionante hermosura, Rosario Blanco deja a un lado las perfecciones físicas para esmerarse tan sólo en su propio caudal espiritual. Del pardo de sus ojos brillaba lo que puede considerarse pureza del espíritu; los gestos reposados de sí misma con la distinción de su pausado andar y una elegancia natural de la cual comentó el profesor Luis Villalba-Villalba «la hacía distinta de cualquier otra mujer».

Combinábase con modestia y sencillez aun cuando fuese el material costoso: telas de fábrica importada, calzado de la marca europea, joyas de estimable valor entre las cuales excedía un histórico collar con perlas de Cubagua, heredado directamente de su abuela «la fundadora». En todo tiempo notábase la nitidez en el vestir y en el conjunto.

Dientes blancos bien formados, labios cándidos y nariz perfilada. Con el boato perlino de su rostro y la tersura en una piel resplandeciente, muestra un continente agradable y complexión dinámica. Así, se la miraba crecida de estatura, proporcionada en la balanza; saludando con sus manos de madona italiana que protegidas por guantes hechos a la mano ya fuese en Francia, Bélgica o Inglaterra, dejaban ver el tejido de punto de una prenda muy fina para complementar la indumentaria. El timbre recio en la expresión era prudente, y, no sólo con la voz, sino también con su mirada indagadora y perspicaz, el puño o la garganta; entonces el trasluz de la imagen interna. Por esos gustosos ademanes, docilidad y la augusta postura, los amigos más cercanos la llamaron «encantadora Chapelet».

De otro modo, el ente de ideales con el alma encendida trasciende en la mujer especial y abnegada de preciadas virtudes. Su aptitud puede ser comparada con una antena que recoge y transmite señales, percepciones, circunstancias, pues era auguradora de naturaleza y podía ver casi siempre cumplido el vaticinio gestado en sus limitaciones inherentes del subconsciente. Percibía muy de cerca o a distancia y sin esfuerzos la realidad de los sucesos. Refiere la señora Luisa Blanco de Sotillo, hermana de Rosario, que días antes que fuera derrotado el presidente Isaías Medina-Angarita, ella tuvo buena premonición cuando platicaba la gente en voz muy baja ver salir muertos como consecuencia de una lamentable tragedia. Rosario sólo a su alrededor veía profusiones de muebles, objetos y utensilios de diferentes clases.

Entregada con denuedo a la lectura, hallámosla discreta pulsadora del piano, con magnífica digitación, fluida y original en la escritura, sin que hubiera desarrollado formalmente esta habilidad. En una oportunidad envió su cuento «Temprano pasó un caballo» a un certamen que abriera el diario «El Nacional de Caracas», y en el momento de proceder a la selección, fue ignorado su trabajo con una cierta discreción del jurado, para no reconocer su lauro. Una destreza manual la distinguía también de sus congéneres: confeccionaba bellísimos trajes —diseños de los modernos figurines y los patrones de la alta moda parisina—, habilidad que demostró en manualidades cuando cursó en el internado de San José de Tarbes y aprendió a comunicarse fluidamente en el idioma de Teófilo Gautier.

Las cualidades espirituales son indicios de factores determinantes que pueden denotar la capacidad y rasgos del carácter y sentimientos de una persona. De lo apreciado en los versos, por la familia, su colaboración como editora en la revista femenina «No-Sotras», y en atención a las palabras de los redactores en los diarios capitalinos, se colige a una mujer de vida intensa y abnegada que sabe alternar con sus amigos y aboga por el bienestar de la gente del pueblo. Así también la trazan Luisa Elena Vega, Enrique y Mary Pérez-Matos, Tito Salas, José Antonio Ramos-Sucre, Rómulo Gallegos, Ramón Imery, Enrique y Julio Planchart, Margarita de Font-Carrera, Quequeta Martínez-Olavarría, y otros amigos íntimos.[1]

---

[1] Cartas, notas reseñas en poder del autor.

Atributos especiales propios de su disposición fueron la sobrada fidelidad y los afectos dispensados a sus padres y familiares; una sinceridad tan prodigiosa iniciada desde sus días más infantiles, cuando habitara en la residencia de la calle Sucre cumanesa, y culminase en los días cuando el dolor de la úlcera sangrante la azotara terriblemente. Sin la queja, encerrada en la habitación de la casona en Las Mercedes al cuidado de una enfermera, aguardaba en silencio y sin dejarse ver de los amigos, ni del pueblo, ni gentes con las cuales tuvo contacto y deferencia.

Rosario también era coqueta en sus años de mocedad. Tuvo un amigo colombiano, músico de profesión y buen artista; con este caballero mantuvo una larga correspondencia. Otro de sus amigos fue Leoncio Manet, apuesto martiniqueño con el cual compartió un cúmulo de ideas. Agradable resultó la amistad del puertorriqueño Andrés Díaz, visitante que quiso mucho a Venezuela. Otros fueron un suizo y un francés. No obstante las visitas, diversiones y paseos, ninguno fue su novio reconocido. El más afortunado de todos fue el ingeniero de aeropuertos Cyril Auzeau, sobrino lejano del escritor francés Francys Auzeau. Este atractivo viudo fue contratado desde Francia por una ruta aérea venezolana para trazar distintos planos de aeropuertos en Los Andes y Guayana. Una vez residenciado en Caracas, y habiendo ya conocido a Rosario, ella intuitivamente repitió: «con este hombre me caso yo». Así fue. La esposa ideal vivió dichosa hasta la muerte del marido que la conmovió grandemente. La vida de la señora Blanco de Auzeau se prolonga hasta la edad de 82 años, cuando cierra los ojos, después de cinco años expandidos de sufrimientos. El 30 de agosto de 1974, luego de recibir los Santos Sacramentos, se invoca la oración del eterno descanso y se asiste a la misa de corpore insepulto.

En ella aparece un nuevo aspecto del combate; se ve surgir a la mujer iluminada en su primera lucha inquieta en este siglo.

«Insignia brava» la llama Andrés Eloy Blanco, «pendón de las mujeres nuevas que heroicamente constan el futuro». Porque su hermano, más que amarla, siente veneración por ella. Cuando la encuentra la llama «Eva futura, ama... ¡Una hija de mi padre!». Todo por su ternura, rebeldía, convicción. «Venezolana y universal».

Por luchadora de la justicia y el derecho, de la amplitud y fortaleza del alma, su nombre queda Ex corde y rebasa las fronteras de su patria.

«Hermana solícita», en la inquietud de la espera; así la evoca apasionado Francisco Manuel Mármol.

«Embrión de humanidad» y «cielo vertical», son las citas de Alberto Ravel.

«Heroína del civismo» por ser batalladora infatigable, sustentante de actividades intelectuales y físicas en bien de la libertad de la patria, la designa Rafael Arévalo-González.

Se la romantiza, la llaman recia hermana, la exaltan como recurso de consuelo. Aclamada como «sacerdotisa de ese templo de la cárcel», dicen los presos que ha sido transportadora de admiración y gratitud desde cualquier rincón de un calabozo: «¡Salve!... tres veces ¡Salve!...».

Rosario Blanco con otras mujeres como ella representan un mundo de civilización avanzada. En Venezuela ella es estampa del progreso en embrión y las ideas renovadoras que coadyuvan al avance de la cultura en una etapa nueva. Su contribución ha sido la de la nueva perspectiva: la de su propia alma, el cambio de la mujer que pide le concedan sus derechos a principios de la centuria; es una transición de la antigüedad al modernismo, de la esclavitud a la libertad. En consecuencia, si su rostro mostró alguna vez melancolía, fue más bien por extenuación del trabajo y no tristeza natural, pues bondadosa intercedió ofreciendo esfuerzos ímprobos por la justicia y condición de su hermana y del hombre en Venezuela y el mundo.

Del poemario

Las frases y poemas que aparecen escritas en las páginas blancas, márgenes y cualquier parte del libro de Fr. Luis de León, son transmisoras del cariño de los presos políticos en el Castillo Libertador de Puerto Cabello, demostrado a Rosario Blanco. Estos hombres aislados no tienen más recursos que la lectura, el uso del grafito o de la pluma, controlados. Sin fraguar concepto erróneo invierten más de un año entre 1930-1931 para expresar sus pensamientos en los limitados pliegos. Muchos de ellos no habían ni siquiera estrechado la mano de la amiga, aunque tenían la referencia por conducto de «El Imparcial», órgano que estuviera a cargo de Rosario desde que fuera detenido su hermano Andrés Eloy para más tarde llegar a la prisión en el Castillo Libertador. Una tarea difícil para ella, pues llevaba en sus espaldas el sobresello de contraria a la política gomecista, aunque mostrara indiferencia y sensatez como el día cuando la interrogara en su visita el presbítero Carlos Borges —delegado del Gobierno y de la confianza del dictador— y con léxico mesurado respondiera, con el reproche a la mentira «y para qué una nueva edición».

A solaz los acusados la llaman con expresivos sentimientos, la abrazan y la colocan en el altar más elevado de la amistad. Ahora la conocen de cerca porque la esperan todo el tiempo para mirar su falda donde guarda en el ruedo la correspondencia por claves que lleva y trae al claustro. Aguda los comunica con la carga de la pijama, el interior o la camisa fresca inspeccionada bajo el brazo, no tanto para cubrir las laceradas carnes, más bien para vivificar los ánimos en la aflicción.

El pequeño volumen descolorido ya, y extraviado posiblemente entre legajos conservados pero menos valiosos, lleva en sus páginas las distintas dedicatorias del amigo, poeta, intelectual, aficionado.

Excuse el lector la fotocopia del grueso casi deteriorado, imposible en el actual momento una nueva impresión. En el orden nos referiremos siempre a las páginas del diario en las Poesías Selectas.[1]

---

[1] Nota del editor.- Dada la valía intelectual y humana de los ilustres personajes que plasmaron sus pensamientos en el poemario de Fray Luis de León, hemos procurado transcribir, con la mayor fidelidad posible, al pie de cada página reproducida, el texto del manuscrito original, respetando su forma de escritura y la colocación de signos ortográficos, para no desvirtuar el sentido y el estilo literario que le dieron sus autores.

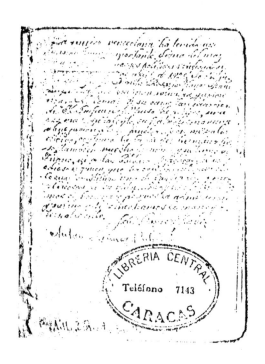

I

La mujer venezolana ha tenido una acentuación muy importante digna del mayor encomio en los sucesos políticos verificados en el país, desde el 7 de abril de 1928. Se distinguiría siempre la señorita Rosario Blanco Meaño, quien trabajó con gran voluntad y discreción. Al tomar a su cargo la redacción de «El Imparcial» puso de relieve, una vez más, su talento, su patriotismo y una abnegación a toda prueba. Con un valor estoico continuó la labor del hermano, puso también nuestro hermano y no temió al tirano, ni a las bárbaras prácticas del más odioso régimen que ha existido en Venezuela, lo cual constituye una de las páginas más gloriosas de su vida. Nosotros le tributamos el homenaje de nuestra admiración y cariño y le estrechamos la mano fraternalmente.

Antonio Gómez Rubio

Castillo de Puerto Cabello, Mayo 28 de 1931.

FRAY LUIS DE LEÓN

POESÍAS SELECTAS

CASA EDITORIAL
FRANCO-IBERO-AMERICANA
222, Boulevard Saint-Germain, 222
PARIS

II

Rosario

El cielo vertical lleva una intención sobre ti aquí en la cárcel.

Con la fe de cada día el triple rasgo tuyo: hermana mayor de la ola en almohada del sueño. Mujer húmeda de la gracia que hiela una copla entre la esfera del mundo.

Camarada un alivio en el hombro unánime del grupo en marcha.

Rosario Blanco tú eres la dueña del entierro total, entre nosotros está la fuerza tratando del nombre de nuestra mañana el hilo libertador.

Jóvito Villalba
Abril de 1930

POESIAS SELECTAS

Rosario:

Andrés me dio tu voz de camarada para un canto. Me la sembró en el pecho; floreció en silencio, sin palabras, como tú que eres un canto nuestro, un canto de mujer venezolana. Sencillo como el verbo de la Revolución. Sencillo y claro como este deber nuestro que sabe de dolor y de sonrisa. Como tú que en las sombras tu furia para enseñarles a los rabiosos el camino sin grandes gestos alba desnudada en ti misma para el error de las conciencias nuevas, buscando encontraste a Venezuela. la mismita nuestra, embrión de humanidad, lo que privó sus nombres con un dolor de nacimiento y puso nuestros destinos.

Rosario, mano recia es la mía, mano y guante del cumplido, mano hecha a la faena áspera, dura como este acostumbrado de la casta que sale en la busca del mar. No hago versos para ti —te doy mi silencio, la emoción clara, desnuda de un día de presidio, de este presidio nuestro, venezolano íntegro, total estructura y canción contraste y fuerza donde los hombre se buscan el pecho para sentir de cerca la desolación.

Alberto Ravel

Abril, 1930

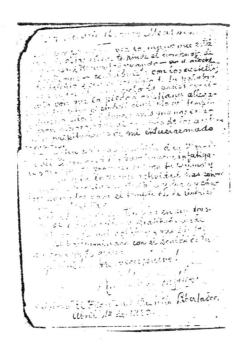

A Rosario Blanco Meaño:

No por primera vez la mano que está trazando estas líneas te rinde el homenaje de su aplauso (recuerdo cuando —una noche en Los Teques— contribuiste con los desvelos de tu talento y con el prestigio al esplendor de una velada artística-literaria con que la piedad cristiana recababa fondos para el embe-llecimiento del templo de nuestro Dios), entonces mis manos se agitaron alborozadas al compás de las aceleradas palpitaciones de mi entusiasmado corazón.

Hoy baten palmas también a la heroína del civismo, a ti, batalladora infatigable, rosario de proezas que con tu pluma y tu ejemplo y tu incesante actividad has contribuido a acoplar materiales y luces y cánticos sagrados para el templo de la libertad de nuestra patria: Sacerdotisa de este templo: en un transporte de admiración y gratitud, desde un rincón de mi calabozo, que tantas veces se ha iluminado con tu nombre, yo te grito:
—¡Salve!... tres veces, ¡Salve!

R. Arévalo González

Calabozo «El Tigre», del Castillo Libertador   *Abril 1, de 1930*

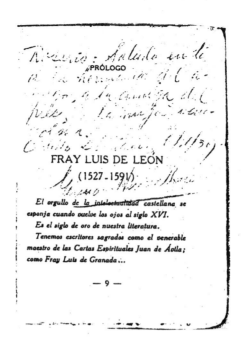

PRÓLOGO

FRAY LUIS DE LEÓN
(1527-1591)

El orgullo de la intelectualidad castellana se esponja cuando vuelve los ojos al siglo XVI.

Es el siglo de oro de nuestra literatura.

Tenemos escritores sagrados como el venerable maestro de las Cartas Espirituales Juan de Ávila; como Fray Luis de Granada...

— 9 —

Rosario:

Saludo en ti a la hermana del amigo, a la amiga del preso, a la mujer venezolana.

Castillo Libertador, Abril 4, 1930

Germán Herrera Meneses

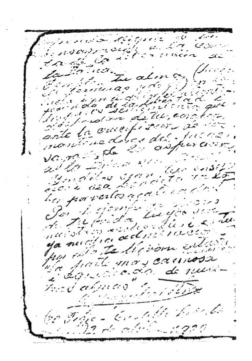

Para Rosario Blanco M.

Hermana en el ideal, hermana por el amor de nuestra madre Venezuela, también he pensado yo en la soledad del calabozo, escribir para ti algo que te hable mañana de nuestra devoción, ya que no es posible enviarte una ofrenda digna de una consagración a la causa de la liberación de la patria.

Temple tu alma (hechos de ternuras y de fe) en la lucha y en el dolor el aliento fecundo de la libertad a los puros sentimientos que desbordan de tu corazón, ante la crucifixión de los mantenedores del fuego sagrado de la aspiración a la patria sin amo! ¡Benditos sean tus consejeros y sea bendita tu labor por verlos realizados! Por el ejemplar decoro de tu vida, tuyos son nuestros recuerdos y es tuya nuestra admiración. —Por ellos te llevan estas líneas, «La parte más cariñosa y agradecida de nuestras almas».

C. Irazábal Pérez

«El Tigre» - Castillo Libertador   *2 de abril de 1930*

La *Vida del campo*, también llamada *Canción a la vida solitaria*, de la época anterior a la cárcel, con un tema bucólico horaciano, los idilios de Virgilio, y una voz dulcísima; es instinto de su alma, limpidez y lirismo, en afinidad con Garcilaso de la Vega. Así, busca su descanso en la soledad de la clausura, o en la pradera con la frescura de los bosques, escuchando la música del agua, el trinar de los pájaros y paso de las aves, todo en un clima espiritual con el olor de santidad que por misterios del creador emana de las flores.

Se inicia el diario con esta Oda en la página 15 donde firma Polibio Aguirreche Reyes; las pp. 16, 17 y 18 contentivas de los versos; en la p. 19, el saludo de C. Mendoza, y, la p. 20 con los versos finales.

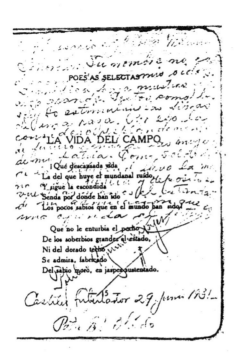

A Rosario Blanco Meaño.

Señorita: Su nombre no es desconocido a mis oídos. Significa para nuestras filas algo grande. Gestos como los suyos estimulan las fibras de una raza, por eso la considero resplandeciente de futuro dentro de las mujeres de mi patria. Como soldado de la libertad llevo la mano a la visera y deposito en vuestras manos el estandarte de mi admiración, que es una ofrenda al futuro.

Polibio Aguirreche Reyes

Castillo Libertador, 29 de junio de 1931. Patio El Olvido

No cura si la fama
canta con voz su nombre pregonera,
ni cura si encarama
la lengua lisonjera
lo que condena la verdad sincera.

¿Qué presta a mi contento
si soy del vano dedo señalado
si en busca de este viento
ando desalentado
con ansias vivas y mortal cuidado?

¡Oh campo, oh monte, oh río,
oh secreto seguro deleitoso!
roto casi el navío,
a vuestro almo reposo
huyo de aqueste mar tempestuoso.

Un no rompido sueño,
un día puro, alegre, libre quiero;
no quiero ver el ceño
vanamente severo
de quien la sangre ensalza o el dinero.

Despiértenme las aves
con su cantar suave no aprendido,
no los cuidados graves
de que es siempre seguido
quien al ajeno arbitrio está atenido.

Vivir quiero conmigo,
gozar quiero del bien que debo al cielo,
a solas, sin testigo,
libre de amor, de celo,
de odio, de esperanzas, de recelo.

FRAY LUIS DE LEÓN

Del monte en la ladera
Por mi mano plantado tengo un huerto
Que con la primavera,
De bella flor cubierto,
Ya muestra en esperanza el fruto cierto.

Y como codiciosa,
Por ver y acrecentar su fermosura, (1)
Desde la cumbre airosa
Una fontana pura
Hasta llegar corriendo se apresura.

Y luego, sosegada,
El paso entre los árboles torciendo,
El suelo de pasada
De verdura vistiendo,
Y con diversas flores esparciendo.

(1) Hermosura.

— 18 —

POESÍAS SELECTAS

El aire el huerto orea,
Y ofrece mil olores al sentido
Los árboles menea
Con un manso ruido,
Que del oro y del cetro pone olvido.

Ténganse su tesoro
Los que de un falso leño se confían:
No es mío ver el lloro
De los que desconfían
Cuando el cierzo y el ábrego porfían.

La combatida antena
Cruje, y en ciega noche el claro día
Se torna, al cielo suena
Confusa vocería,
Y la mar enriquecen a porfía.

— 19 —

61

A mi una pobrecilla
mesa de amable paz bien abastada
me baste, y la baxilla
de fino oro labrada
sea de quien la mar no teme airada.

Y mientras miserable-
mente se están los otros abrasando
en sed insaciable
del no durable mando,
tendido yo a la sombra esté cantando.

A la sombra tendido,
de yedra y lauro eterno coronado,
puesto el atento oído
al son dulce, acordado,
del plectro sabiamente meneado.

A Francisco de Salinas

Por el afecto personal desinteresado y recíproco fortalecido por la docilidad y confianza, viene el afecto y privilegio de dedicarle casi toda su producción. Con su dinamismo y eficacia creadora, muestra la diversidad de recursos lingüísticos, inquietudes mentales y la sensación de la música triste-reveladora. A Salinas nacido en Burgos y residente alguna vez en Italia, lo enaltece este caudal revelador después de la prisión. Composición de corte virgiliano donde se perciben ansiedades del alma y quedan realizados actos de poder divino. La selección es una intensa demostración que vivifica el ánimo y cautiva al lector.

Francisco Manuel Mármol con el mismo nombre del deslumbrado burgalés, escribe en la página blanca y margen izquierdo del haz 25 donde se inicia la Oda. Culmina en la página 28, al pie con un saludo de L. Briceño C. y C. Carabaño.

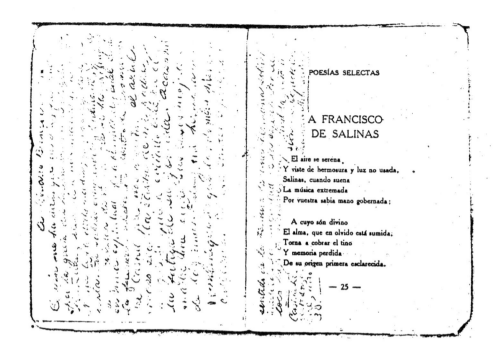

POESÍAS SELECTAS

A FRANCISCO
DE SALINAS

El aire se serena,
Y viste de hermosura y luz no usada,
Salinas, cuando suena
La música extremada
Por vuestra sabia mano gobernada:

A cuyo són divino
El alma, que en olvido está sumida,
Torna a cobrar el tino
Y memoria perdida
De su origen primera esclarecida.

— 25 —

A Rosario Blanco Meaño

Quién me ha dicho que un día, filtrándose por la grieta del buzón como una alegría entristecida, llegará a mis manos una carta. No me lo ha dicho nadie, pero no dejo de esperarla. Tú sabrás comprender fácilmente, porque la fraternidad de tu sangre se ha prolongado en una espiritual fraternidad. ¿Cuál será la fuerza anhelante de los muros del castillo que nos recortan el azul? Acaso sea la carta de mi padre, y aunque él quiera evitarlo diré en ella la fatiga de su jornada. Acaso mi madre me envíe sus versos mojados de lágrimas. Tal vez mi hermana me comunique lo que los demás piensan callarme. Tú que conoces el profundo sentido de la ternura de una hermana solícita, me dirás la inquietud de la espera. Por ello como loco bajo tu nombre, amparándola esta ilusión expectativa.

Francisco Manuel Mármol

Castillo Libertador, abril 1930

64

Y, como se conoce,
en suerte y pensamiento se mejora
el oro desconoce
que el vulgo vil adora,
la belleza caduca engañadora.

Traspasa el aire todo
hasta llegar a la más alta esfera
y oye allí otro modo
de no perecedera
música, que es la fuente y la primera.

Y, como está compuesta
de números concordes, luego envía
consonante respuesta;
y entre ambos a porfía
se mezcla una dulcísima armonía.

Aquí el alma navega
por un mar de dulzura y finalmente
en él así se anega,
que ningún accidente
extraño y peregrino oye y siente.

¡Oh desmayo dichoso!
¡oh muerte que das vida!, ¡oh dulce olvido!
¡durase tu reposo
sin ser restituido
jamás aqueste bajo y vil sentido!

A este bien os llamo,
gloria del apolíneo sacro coro,
amigos (a quien amo
sobre todo tesoro),
que todo lo visible es triste lloro.

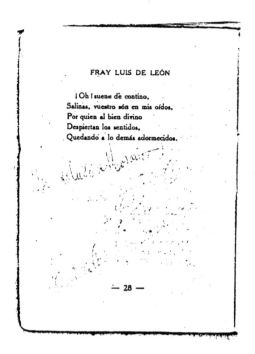

FRAY LUIS DE LEÓN

¡Oh! suene de contino,
Salinas, vuestro són en mis oídos,
Por quien al bien divino
Despiertan los sentidos,
Quedando a lo demás adormecidos.

— 28 —

Un saludo a Rosario.

L. Briceño C.

R. Carabaño

Castillo Libertador, 1930

Al nacimiento de una hija de los Borja

Tomasita de Borja, hija de.don Alvaro, marqués de Alcañices; por linaje del padre es nieta de San Francisco de Borja, por la otra estirpe desciende de los Enríquez del solar de Castilla. Laureado Fr. Luis ostenta los dos blasones de las encumbradas familias.

La substancia simbólica con cierta gama de atributos se expande por las constelaciones a la vez que relaciona en su interior con los dioses adjudicados a las dos casas de los Borja. Las luces figuradas del firmamento y las tendencias al Zodíaco con proyecciones a la naturaleza mitológica romana son apreciables con sus dos númenes olímpicos: Marte y Apolo. Es necesario comprender el doble fondo y propósito del verso — demostración abnegada del célebre maestro.

Se inicia la Oda en la página 29. Aparece el mensaje de Gustavo Reyes desde la página 30 a la 36; la Oda termina en la p. 34. Seguidamente en la p. 35 comienzan los versos *De la avaricia* (a Felipe Ruiz) y finalizan en la p. 36. En esta Oda, nótese el corte horaciano: un raudal de ideales y nobles modelos espirituales con temas lusitanos. Felipe II había ceñido la corona portuguesa y los dominios ultramarinos para entonces; se conocía la Escuela de Cartógrafos de Lisboa y Sagres, la fama de la India y las islas de Las Especerías: época de buena navegación y de progreso. No basta el ardiente deseo de realizar exploraciones, es preciso gobernar el carácter, evitar la arrogancia, combatir la avaricia, dominar cualquier deseo inmoderado. La templanza conlleva a saber aceptar la muerte con dignidad: exposición del espíritu resignado en la vida. Por tanto, es natural que decaiga la virtud, pero la base estoica nos dará fuerza para levantarnos en el combate. Fr. Luis combate con Horacio en la cumbre del parnaso. Versos que evocan el viaje a Brindisi en compañía de Mecenas, de una estética impresionante, de riqueza de léxico y métrica dispuesta a la ironía sutil.

AL NACIMIENTO DE UNA
HIJA DE LOS BORJAS

Inspira nuevo canto
Calíope en mi pecho aqueste día,
Que de los Borjas canto
Y Enríquez la alegría
Del rico dón que el cielo les envía.

Hermoso sol luciente,
Que el día das y llevas, rodeado
De luz resplandeciente
Más de lo acostumbrado,
Sal, y verás nacido tu traslado;

O si te place agora
En la región contraria hacer manida,
Detente allá en buen hora,
Que con la luz nacida
Podrá ser nuestra esfera esclarecida.

Alma divina, en velo
De femeniles miembros encerrada
Cuando viniste al suelo
Robaste de pasada
La celestial riquísima morada.

Diéronte bien sin cuento
Con voluntad concorde y amorosa,
Quien rige el movimiento
Sexto, con la diosa
De la tercera rueda poderosa.

— 30 —

De tu belleza rara
El envidioso viejo mal pagado,
Torció el paso y la cara,
Y el fiero Marte airado
El camino dejó desocupado.

Y el rojo y crespo Apolo,
Que tus pasos guiando, descendía
Contigo al bajo polo,
La cítara fería (1),
Y con divino canto ansí decía:

«Desciende en punto bueno,
Espíritu real, al cuerpo hermoso,
Que en el ilustre seno
Te espera deseoso,
Por dar a tu valor digno reposo.

(1) Hería, del verbo herir.

— 31 —

»Él te dará la gloria
Que en el terreno cerco es más tenida;
De agüelos larga historia,
Por quien la no hundida
Nave, por quien la España fué regida.

»Tú dale, en cambio desto,
De los eternos bienes la nobleza,
Deseo alto, honesto,
Generosa grandeza,
Claro saber, fé llena de pureza.

»En tu rostro se vean
De su beldad sin par vivas señales,
Los tus dos ojos sean
Dos luces inmortales
Que guíen al sumo bien a los mortales.

— 32 —

»El cuerpo delicado,
Como cristal lucido y transparente,
Tu gracia y bien sagrado,
Tu luz, tu continente
A sus dichosos siglos represente.

»La soberana agüela,
Dechado de virtud y fermosura,
La tía de quien vuela
La fama, en quien la dura
Muerte mostró lo poco que el bien dura;

»Con todas cuantas precio
De gracia y de belleza hayan tenido,
Serán por tí en desprecio
Y puestas en olvido,
Cual hace la verdad con lo fingido.

— 33 —

*¡Ay triste! ¡ay dichosos
Los ojos que te vieren! Huyan luego,
Si fueren poderosos,
Antes que prenda el fuego
Contra quien no valdrá ni oro ni ruego.

*Ilustre y tierna planta,
Dulce gozo de tronco generoso,
Creciendo te levanta
A estado el más dichoso
De cuantos dió ya el cielo venturoso.*

— 34 —

DE LA AVARICIA
(A FELIPE RUIZ)

En vano el mar fatiga
La vela portuguesa, que ni el seno
De Persia ni la amiga
Maluca da árbol bueno,
Que pueda hacer un ánimo sereno.

No da reposo al pecho,
Felipe, ni la India, ni la rara
Esmeralda provecho,
Que más tuerce la cara
Cuanto posee más el alma avara.

— 35 —

Al capitán romano
La vida, y no la sed, quitó el bebido
Tesoro persiano,
Y Tántalo metido
En medio de las aguas afligido.

De esta sed, y más dura,
La suerte es del mezquino que sin tasa
Se cansa ansí, y endura
El oro y la mar pasa
Osado, y no osa abrir la mano escasa.

¿Qué vale el no tocado
Tesoro, si corrompe el dulce sueño,
Si estrecha el ñudo dado,
Si más enturbia el ceño,
Y deja en la riqueza pobre al dueño?

— 36 —

A ELISA

Elisa, ya el preciado
Cabello que del oro escarnio hacía,
La nieve ha variado.
¡Ay! ¿Yo no te decía:
Recoge, Elisa, el pié, que vuela el día?

Ya los que prometían
Durar en tu servicio eternamente,
Ingratos se desvían,
Por no mirar la frente
Con rugas, y afeado el negro diente.

— 37 —

Rosario: Yo la conocí en Caracas. Me presentó a usted Miguel Otero. Era en un claro chalet de Lietermaai, en donde Raúl Leoni, Rómulo Betancourt, Guillermo Prince Lara y Gustavo Ponte hacían vida revolucionaria. Y era de mañanita. Teníamos el sol de frente, y a un lado la mar azul. Se comentaba «El Imparcial». Labor generosa, humilde y noble, decíamos oscurecerse para alumbrar, dar luz como el carbón. Paso de primavera o de hermana ideal trazó huella solar en el espíritu. Desde entonces cabe su nombre en el recuerdo como sobre una rama. En la tibieza de una mano de mujer late un alerta fecundo, y es por eso el empuje más hondo hasta cuestión de estética. Una manera de perfumarse el laudo. Los tiempos cambian completamente los consejitos. Antes se vestían de lirio, una, en el claustro y amanecía santa. Ahora no. Lo que da la pureza de una idea es su trascendencia legítima, sagrada. Humanizarse con Dios y con la vida es la labor de la vestal de ahora. No es cuestión de vestidura ni de ropaje blanco. Cuestión de luz ignota de franja diamantina. Algo que brote dentro, y se derrame afuera, nítido, como una luz o como una bendición. La soledad fue propia de Santa Teresa de Jesús. Pedestal de la época. Hoy se necesita nutrirse con el dolor humano, sentir la patria, la angustia anónima... descendiendo se asciende, ahora. Otra manera de perforar el cielo. Un claro sentimiento de justicia es lo que da la aureola y Ud. lo tiene. Precursa Ud. a la mujer venezolana. Ud. sabe a pampa y a cordillera y huele a América. Desde esta tienda de El Olvido yo le tiendo mi mano. Una torpe mano de provinciano que no sabe de guantes. Apriétela. Aparte de su epidermis dura, fluye de ella una leve corriente de cariño que no quema ni ampolla. Yo me llevaré en los dedos una acusación de ternura de cosa pálida; Ud. una impresión de lealtad de quien palpa un amigo.

Gustavo Reyes

21 de marzo de 1931

Siguiendo su melodiosa voz con vibraciones de intensidad divina y el candor de la unidad de léxico, en forma distinta incorpora musicalidad de inspiración toscana y va acompañado de Horacio, Petrarca, Garcilaso, Jorge Manrique y otros innovadores de las formas éticas conocidas en la revolución lírica española. Identificamos el blanco pelo, diente oscuro y contracciones... Melancólico por el doble lamento en la pradera, seguido del delicado movimiento rítmico de esos pastores y del encanto de la armonía en las estrofas, Fr. Luis se nos entrega. Un tanto la evocación de Nemoroso junto a la apasionada y fallecida Elisa —canto deleitable de amor misteriosísimo, miscelánea de campanadas reminiscentes por todo lo perdido—; es el amor que no dice su nombre; sin más recurso que el consuelo de la eternidad en la derrota de lo efímero. Una elegía por lo perdido, forma de hacer filosofía...

Elisa de la lira *De la Magdalena,* nos conduce a la redención; es algo como sentirse en la presencia de la Santísima Cruz de Jerusalén, en oración frente al madero santo —con la fuerza invisible que no permite ni levantar los ojos, ni vencer la insistencia—. En el momento de despertar contemplamos la imagen de la Virgen con lágrimas de pena por todos los cristianos. La locura es para transportarse del otro lado del Jordán con el designio de establecer una oración en el desierto.

En la página 37 aparecen las dos primeras estrofas; se continúa la Oda en las páginas 38 y 39 donde, en ambos márgenes escribe y firma V. Serpa A. Se da fin a los versos en la p. 43 donde podemos apreciar las palabras de Carlos J. Rojas.

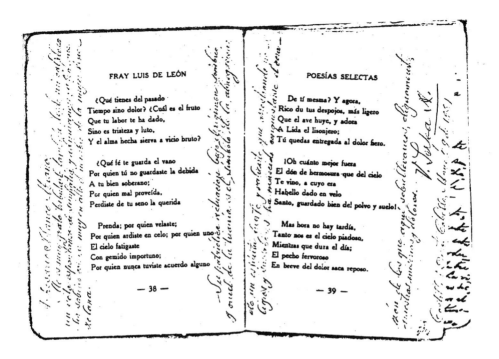

A Rosario Blanco Meaño:

Me es muy grato tributarte desde mi calabozo un voto espontáneo de simpatía y admiración, usted que ha sabido colocar muy alto el nombre de la mujer venezolana.

Su patriótica actuación bajo el sombrío de la tiranía es el símbolo de la abnegación de un espíritu fuerte y valiente que anestesiando peligros y sinsabores ha merecido conquistarse el corazón que sobrellevamos, dignamente nuestras miserias y dolores.

V. Zerpa H.

Castillo de Puerto Cabello

Marzo 29 de 1931

73

que la gentil señora
de Mágdala, bien que perdidamente
dañada, en breve hora
con el amor ferviente
las llamas apagó del fuego ardiente,

las llamas del malvado
amor con otro amor más encendido;
y consiguió el estado,
que no fue concedido
al huésped arrogante, en bien fingido.

De amor guiada, y pena,
penetra el techo extraño, y atrevida
ofrécese a la ajena
presencia, y sabia olvida
el ojo mofador; buscó la vida

y, toda derrocada
a los divinos pies que la traían,
lo que la en sí fiada
gente olvidado habían,
sus manos, boca y ojos lo hacían.

Lavaba larga en lloro
al que su torpe mal lavando estaba;
limpiaba con el oro,
que la cabeza ornaba,
a su limpieza, y paz a su paz daba.

Decía: «Sólo amparo
de la miseria, extrema medicina
de mi salud, reparo
de tanto mal, inclina
a este cieno tu piedad divina».

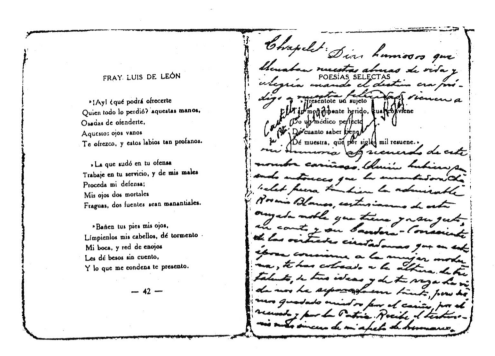

Chapelet:

Días hermosos que llenaban nuestras almas de vida y alegría cuando el destino era pródigo a nuestra felicidad, vienen a mi memoria recuerdos de este nombre cariñoso. Quién hubiera pensado entonces que la encantadora Chapelet fuera también la admirable Rosario Blanco, entusiasmo de esta cruzada noble que tiene ya su gesto, su canto y su bandera. Consciente de las virtudes ciudadanas que en esta época concierne a la mujer moderna, te has colocado a la altura de tu talento, de tus ideas y de tu raza. La vida nos ha separado un tanto, pero hemos quedado unidos por el cariño, por el recuerdo y por la Patria.

Recibe el testimonio más sincero de mi afecto de hermano.

Castillo de Puerto Cabello

Junio de 1931

Carlos J. Rojas

Las páginas 44-45 son para Hermán Nass dirigirse a la amiga. En la página 45 se da apertura a la *Profecía del Tajo,* continuada hasta la página 50. Contiguo a la página 46, aparece el diseño de una celda en El Castillo Libertador. Esta disposición artística de Tancredo Pimentel —con facultades superiores para el lienzo— es dedicada especialmente a Rosario. El dotado joven, alumno del famoso maestro de pintura moderna Emilio Mauri, no pudo continuar sus estudios en esta disciplina. Informa su ejemplar hermana Cecilia Pimentel, que Tancredo después de sufrir el terrible encarcelamiento en El Rastrillo, donde permaneció por más de cuatro años, estuvo varias veces en peligro de muerte. Más tarde cuando ya estuvo en libertad, falleció agredido a balazo por un antiguo funcionario al servicio de la rehabilitación.[1]

En la página 48, rubrica Tancredo Leoni, del mismo modo Peñaloza en la página 49, y finalmente A. Suárez en la 50.

---

[1] *Bajo la tiranía* (Caracas: La Bodoniana, C. A., 1970), pp. 143-145.

Profecía del Tajo

Holgaba el rey Rodrigo
con la hermosa Cava en la ribera
del Tajo, sin testigo;
el río sacó fuera
el pecho y le habló de esta manera:

En mal punto te goces,
injusto forzador; que ya el sonido
oigo, ya y las voces,
las armas y el bramido
de Marte, de furor y ardor ceñido.

Contándome su iniciación literaria difícil negativa como todo principio, Antonio Arraiz me hablaba de una mujer de amplio espíritu, Ud., Rosario B., que una vez había fortelecido su fe.

Más tarde, también en el ambiente recio de nuestra «Rotunda», Andrés Eloy me dijo de la labor de Ud., intensa y silenciosa en la lucha y a través de esos dos compañeros yo la he comprendido también y tal al vivo que siempre que pienso en nuestras valientes mujeres venezolanas, vanguardia en el gesto, se me viene a la mente su nombre, Rosario Blanco.

7 de Abril de 1930

Hermán Nass

FRAY LUIS DE LEÓN

¡Ay! esa tu alegría
Que llantos acarrea, y esa hermosa
(Que vió el sol en mal día),
A España ¡ay! cuán llorosa
Y al cetro de los godos cuán costosa.

Llamas, dolores, guerras,
Muertes, asolamiento, fieros males
Entre tus brazos cierra,
Trabajos inmortales,
A ti y a tus vasallos naturales.

A los que en Constantina
Rompen el fértil suelo, a los que baña
El Ebro, a la vecina
Sansueña, a Lusitaña, (1)
A toda la espaciosa y triste España.

(1) Lusitania.

— 46 —

Ya desde Cádiz llama
el injuriado Conde a la venganza,
atento, y no a la fama,
la bárbara pujanza,
en quien para tu daño no hay tardanza.

Oye que al cielo toca
con temeroso son la trompa fiera,
que en Africa convoca
el Moro a la bandera,
que al aire desplegada va ligera.

La lanza ya blandea
el Arabe cruel, y hiere el viento,
llamando a la pelea;
innumerable cuento
de escuadras juntas veo en un momento.

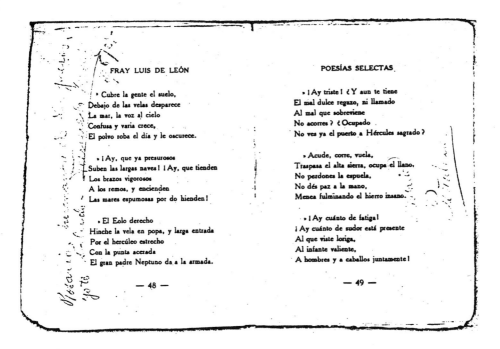

FRAY LUIS DE LEÓN

» Cubre la gente el suelo,
Debajo de las velas desparece
La mar, la voz al cielo
Confusa y varia crece,
El polvo roba el día y le oscurece.

» ¡Ay, que ya presurosos
Suben las largas naves! ¡Ay, que tienden
Los brazos vigorosos
A los remos, y encienden
Las mares espumosas por do hienden!

» El Eolo derecho
Hinche la vela en popa, y larga entrada
Por el hercúleo estrecho
Con la punta acerada
El gran padre Neptuno da a la armada.

— 48 —

POESÍAS SELECTAS

» ¡Ay triste! ¿Y aun te tiene
El mal dulce regazo, ni llamado
Al mal que sobreviene
No acorres? ¿Ocupado
No ves ya el puerto a Hércules sagrado?

» Acude, corre, vuela,
Traspasa el alta sierra, ocupa el llano,
No perdones la espuela,
No dés paz a la mano,
Menea fulminando el hierro insano.

» ¡Ay cuánto de fatiga!
¡Ay cuánto de sudor está presente
Al que viste loriga,
Al infante valiente,
A hombres y a caballos juntamente!

— 49 —

Rosario, hermana de los presos yo te saludo.

Tancredo Leoni

3 de junio de 1931

A Rosario

Peñaloza

79

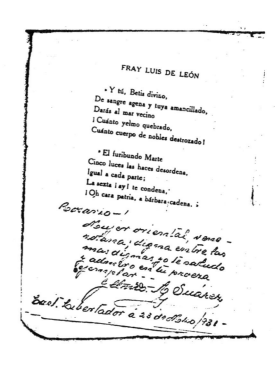

Rosario—!

Mujer oriental, venezolana; digna entre las más dignas, yo te saludo y admiro en tu proeza ejemplar.

A. Suárez

Cast. Libertador a 23 de Marzo de 1931—

Noche serena

(A Olarte)

Noche prolongada de inquietudes y penas. Lágrimas en el desvelo para sólo recrearse en la fe, el consuelo del amigo Loarte «Y con paso callado». Sirva de meditación la calumnia que tanto perturba a la conducta, pero jamás llega a manchar el alma. Avanza Fr. Luis en la meditación hasta llegar a orar por el desliz del sacerdote. Toma tu cruz para alcanzar el reino de los cielos. En la cruz está la salud, la vida, la defensa de los enemigos, la infusión de la suavidad soberana, el gozo del espíritu. Es en la cruz donde está la virtud, la perfección de la santidad... Toma, pues, tu cruz y sigue a Jesús... Mira que todo consiste en la cruz, y todo está en morir, y no habrá otro conducto más real y efectivo en la vida que el de la Santa Cruz y la continua mortificación...

Se ha dicho que la fuerza de la Oda está en la entrega, un grito que la justifica con el mismo arrepentimiento del poeta, en el silencio, desasosiego y dolor. Engendra una nueva modalidad con las estrofas de su lira. ¿Y por qué tanta imagen, metáfora y figuras? ¿Es realmente la custodia en el fuerte o la cárcel del alma? Coexiste pues noche serena, vida terrenal y vuelo místico; del mismo modo, celda oscura, luz del cielo, conflictos profanos y la paz con la resplandeciente luz del eterno Jerusalén donde nunca podrá anochecer. Admiramos la unidad coherente y los adecuados cultismos semánticos, resultado del estudio y la práctica. En las estrofas encontramos los engarces sintácticos que realzan los versos de siete y once sílabas tan bien ajustados a la métrica.

Se inicia en la p. 51; en el margen derecho se dirige E. D. Urdaneta Arvelo, luego continúa su demostración jubilosa a los lados de las pp. 52-53 hasta signar su nombre. En la p. 54 aparecen las frases de Clemente Leoni; en la p. 55, el saludo de José Dager. Las últimas dos estrofas aparecen en la p. 56, donde firma R. Viloria Rosales.

NOCHE SERENA
(A OLOARTE)

Cuando contemplo el cielo,
De innumerables luces adornado,
Y miro hacia el suelo,
De noche rodeado,
En sueño y en olvido sepultado,

El amor y la pena
Despiertan en mi pecho un ansia ardiente
Despiden larga vena,
Los ojos hechos fuente,
Oloarte, y digo al fin con voz doliente:

— 51 —

FRAY LUIS DE LEÓN

Morada de grandeza,
Templo de claridad y fermosura,
El alma que a tu alteza
Nació ¿qué desventura
La tiene en esta cárcel baja, escura?

¿Qué mortal desatino
De la verdad aleja así el sentido,
Que de tu bien divino
Olvidado, perdido,
Sigue la vana sombra, el bien fingido?

El hombre está entregado
Al sueño, de su suerte no cuidando,
Y con paso callado
El cielo vueltas dando,
Las horas del vivir le va hurtando.

52

¡Oh! despertad, mortales,
Mirad con atención en vuestro daño;
Las almas inmortales,
Hechas a bien tamaño,
¿Podrán vivir de sombras y de engaño?

¡Ay! levantad los ojos
A aquesta celestial eterna esfera,
Burlareis los antojos
De aquesa lisonjera
Vida, con cuanto teme y cuanto espera.

¿Es más que un breve punto
El bajo y torpe suelo, comparado
Con ese gran trasunto,
Do vive mejorado
Lo que es, lo que será, lo que ha pasado?

— 53 —

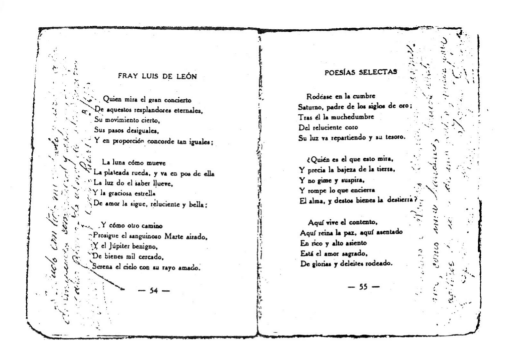

Saludo con todo mi respeto y cariño a la distinguida compañera y amiga, señorita Rosario Blanco, de alma de revolución.

Clemente Leoni

Castillo Libertador

3 de junio de 1930

Un saludo a Rosario Blanco en cuyas manos, como una bandera, hemos visto agitarse la idea de una patria nueva para el espíritu.

José Dager

Castillo Libertador, 1931

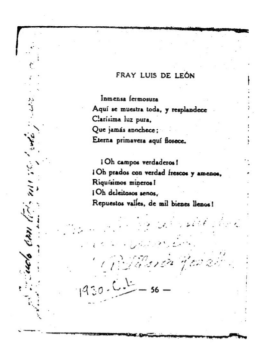

FRAY LUIS DE LEÓN

Inmensa fermosura
Aquí se muestra toda, y resplandece
Clarísima luz pura,
Que jamás anochece;
Eterna primavera aquí florece.

¡Oh campos verdaderos!
¡Oh prados con verdad frescos y amenos,
Riquísimos mineros!
¡Oh deleitosos senos,
Repuestos valles, de mil bienes llenos!

Un saludo a nuestra amiga Rosario.

R. Viloria Rosales

1930. Castillo Libertador

Las sirenas o serenas

Los mitos combinan teorías con fundamentos artísticos y dan pie a las bases del genio. Coloreada la fantasía y unida a la realidad dejará ver un sinnúmero de hechos y experiencias.

Los dioses del Olimpo griego tienen un parentesco con los númenes olímpicos romanos, aunque con tradiciones diferentes, ambos acumulan un precioso tesoro literario que enriquece nuestro conocimiento. Cada pueblo de por sí tiene sus propias creencias y fábulas que entretienen cuando son narradas.

La leyenda de un pueblo canadiense refiere que una tribu de pescadores tuvo un cacique musculoso y de fisonomía fuerte, pero incapaz de admitir las abstraccciones. En cierta etapa de la historia, aproximado el amanecer en un otoño claro y despejado, cuando el escéptico cacique mirara al horizonte, sin mermar ni un poquito su inflexibilidad, vio emerger gigantesca mujer con larga cabellera y cola de pescado. Cuando se miraron no pudieron ocultar su atracción. Aquel fornido veinteañero tan sólo quería enamorarla a su manera, interesado en conocer los secretos del mar –conocimiento de la sirena–. Incisivo y astuto, le hizo caricias, la acompañó por algún tiempo, pero no llegó a besarla como hubiese querido la sirena que podía ver por tela de cedazo. Así, a dos visos, dolida siempre con lágrimas de amor y su voz melodiosa descubrió su pecho con sobrada osadía: había aprendido a suspirar y continuaba deleitando al cacique con su canto:

No me engañes	aunque dormida estoy despierta
mira mis ojos	y despierta estoy dormida en la tarde.
soy la intranquilidad	Contéstame, ¿por qué te has alejado?
entre tus brazos	Contéstame, ¿por qué tú me engañaste?

Después de la premonición, cuando el cacique la hubo usado, quiso casarla con otro de su tribu para infundir en ella el alma humana y llevarla a la salvación. En su congoja, la sufrida, fervorosa y sin doblez sirena, confesó: "no volveré a querer", distanciándose por otros mares del norte; mientras, el ambicioso cacique se delataba con un brillo de falsedad en los ojos y se veía declinar por su inseguridad y la codicia.

Busquemos las distintas sirenas; las de Fr. Luis dedicadas a Cherinto, con la naturaleza clásica de Homero idealizado, el cariño por los héroes «cuyo canto es el mástil que sustenta la vela latina de la Oda».[1]

El inicio en la p. 57; en la p. 59 estampa su firma Francisco Angarita-Arvelo. Finaliza la Oda en la p. 61 con otra dedicación, al pie las iniciales J. C. R.

---

[1] Alberto Barasoain, *Fr. Luis de León* (Madrid: Ediciones Júcar, 1973), p. 99

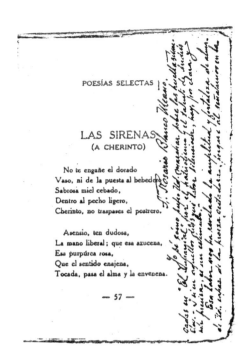

POESÍAS SELECTAS

LAS SIRENAS
(A CHERINTO)

No te engañe el dorado
Vaso, ni de la puesta al bebedor
Sabrosa miel cebado,
Dentro al pecho ligero,
Cherinto, no traspases el postrero.

Asensio, ten dudosa,
La mano liberal; que esa azucena,
Esa purpúrea rosa,
Que el sentido enajena,
Tocada, pasa el alma y la envenena.

— 57 —

A Rosario Blanco Meaño

Yo sé cómo supo Ud. marchar sobre las huellas marcadas en «El Imperial», por el patriotismo y el talento de Andrés Eloy. Y si en aquellos días fue labor silenciosa, hoy por clara y más precisa es un estímulo.

Esa labor nos ha revelado la amplitud y fortaleza de alma de Ud. capaz de la proeza gestadora porque al señalarnos en la vida entra una nueva fuerza, llena de luz, nos descubre un horizonte mejor para el logro de lo que tanto anhelamos, a pesar del dolor y de los desgarramientos de tantas vidas. Y lo que Ud. ha hecho y lo que Ud. hace, mejor, la historia de sus combates, es Rosario, una hermosa promesa de porvenir venezolano, porque al agitarse en esos combates, el alma exquisitamente feminista de Ud. palpitante de lucha, de pena y de fe, de amor, de paz, de ensueño, se agita el alma de nuestra futura Venezuela. Por eso Ud. como aquella otra admirable cumanesa, María Josefa Aristeguieta, son mujeres ejemplares.

Francisco Angarita Arvelo

El Olvido, Puerto Cabello, Marzo 1931.

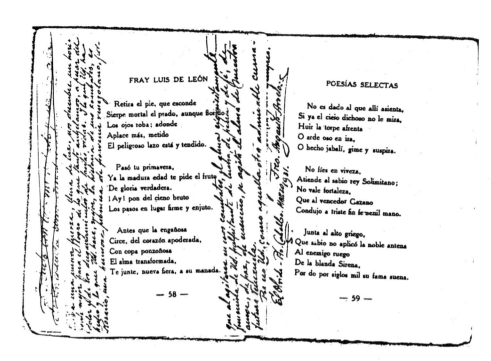

FRAY LUIS DE LEÓN

Retira el pie, que esconde
Sierpe mortal el prado, aunque florido
Los ojos roba; adonde
Aplace más, metido
El peligroso lazo está y tendido.

Pasó tu primavera,
Ya la madura edad te pide el fruto
De gloria verdadera.
¡Ay! pon del cieno bruto
Los pasos en lugar firme y enjuto.

Antes que la engañosa
Circe, del corazón apoderada,
Con copa ponzoñosa
El alma transformada,
Te junte, nueva fiera, a su manada.

— 58 —

POESÍAS SELECTAS

No es dado al que allí asienta,
Si ya el cielo dichoso no le mira,
Huir la torpe afrenta
O arde oso en ira,
O hecho jabalí, gime y suspira.

No fíes en viveza,
Atiende al sabio rey Solimitano;
No vale fortaleza,
Que al vencedor Gazano
Condujo a triste fin femenil mano.

Junta al alto griego,
Que sabio no aplicó la noble antena
Al enemigo ruego
De la blanda Sirena,
Por do por siglos mil su fama suena.

— 59 —

decía conmoviendo
el aire en dulce son: «La vela inclina,
que, del viento huyendo,
por los mares camina,
Ulises, de los griegos luz divina;

    allega y da reposo
al inmortal cuidado, y entretanto
conocerás curioso
mil historias que canto,
que todo navegante hace otro tanto;

    que todo lo sabemos
cuanto contiene el suelo, y la reñida
guerra te cantaremos
de Troya, y su caída,
por Grecia y por los dioses destruída».

Ansí falsa cantaba
Ardiendo en crueldad; más el prudente
A la voz atajaba
El camino en su gente
Con la aplicada cera suavemente.

Si a tí se presentare,
Los ojos, sabio, cierra; firme atapa
La oreja si llamare;
Si prendiere la capa,
Huye, que sólo aquel que huye escapa.

Rosario:

En la elocuencia de tu rebelde gesto, un pie vislúmbrase ya de la Venezuela que tanto deseamos; porque la protesta en una graciosa boca de mujer, es como la esperanza de vendimia brotando armonizante en la corola de una flor.

J. C. R.

A Felipe Ruiz

Las palabras de Fr. Luis para su amigo Felipe Ruiz dan testimonio del sentimiento en ese cosmos de derrumbes, tormentas, catástrofes. Tocado por el Dios de la eternidad en lo más profundo del ser, es experiencia para la vida mística: noches tumultuosas en la cárcel, donde víctima de pesares, quiere liberarse de las cadenas que tanto le acongojan y torturan el alma. En su interior un éxtasis divino: imágenes con todo elemento natural, las propias de la teología mística, de las variadas fuentes, mezcladas con la experiencia de la vida cristiana y del asceta firme. Hierve pues el dinamismo en una noche de inquietudes cuando quiere volar el alma, desposeerse de lo terreno, llegar a Dios para postrarse a sus pies en la celeste eternidad.

En la p. 62, Rolando Anzola inicia su poema a Rosario que concluye en la p. 63, donde se halla la primera parte de la Oda *A Felipe Ruiz*. En las pp. 64, 65 y 66, se leen las líneas y firma de R. M. Carabaño, «El Olvido», Marzo de 1931; la Oda termina en la p. 67. Luego la segunda Oda a Felipe Ruiz, iniciada en la p. 68 y con proyección hasta la p. 72, donde firma Carlos Acevedo. En el margen derecho de la p. 73, la Oda *Al licenciado Juan de Grial*; ahí en cinco líneas cortas se comunica Gregorio Cisneros.

Al licenciado Juan de Grial

En estos versos de música divina —el otoño de Antonio Vivaldi—, fiebre, muerte y todo, será para siempre Biblia y teología.

Se da fin a la Oda en la p. 75, y en el recuerdo Urbano Pérez.

De la vida del cielo

Naturalmente de esencia mística, mundo divino y riqueza ontológica. Intuye la relación con el Divino Creador, pues en contemplación se encuentra el alma, objeto de la causa, esencia misma en el acto de amar. El alma es la fuerza luciente, espléndida y eterna; el cuerpo siempre perecedero. Mora Dios en el alma de Fr. Luis.

Un buen párrafo en la p. 76, con firma difícil de elucidar en la p. 77.

Semáforo

A Rosario Blanco

Regreso de la ausencia
del viaje sin salida
de aquel barco sin proa
—ancho como un stand—
que se quedó dormido milenario hastiado de ancladura
siempre frente al puerto de siempre.
Y ahora estoy de vuelta
Rosario amiga mía
con mi mano derecha
estrechando la tuya:
agitadora del pañuelo blanco
que los 100 marineros mismos
desde el barco
hastiado de ancladura
da cortados rumbos.

Rolando Anzola
Castillo Libertador - Abril,
a los 30 años del siglo XX

92

Entonces veré cómo
La soberana mano echó el cimiento
Tan a nivel y plomo,
Do estable y firme asiento
Posee el pesadísimo elemento;

Veré las inmortales
Columnas do la tierra está fundada,
Las lindes y señales,
Con que a la mar hinchada
La Providencia tiene aprisionada;

Por qué tiembla la tierra,
Por qué las hondas mares se embravecen,
Dó sale a mover guerra
El cierzo, y por qué crecen
Las aguas del Océano y descrecen;

— 64 —

De dó manan las fuentes
Quién ceba y quién bastece de los ríos
Las perpétuas corrientes,
De los helados fríos
Veré las causas y de los estíos;

Las soberanas aguas,
Del aire en la región quién las sostiene;
De los rayos las fraguas;
Dó los tesoros tiene
De nieve Dios, y el trueno dónde viene.

¿No ves cuando acontece
Turbarse el aire todo en el verano?
El día se ennegrece,
Sopla el gallego insano,
Y sube hasta el cielo el polvo vano;

— 65 —

Y entre las nubes mueve
Su carro Dios, ligero y reluciente!
Horrible són conmueve;
Relumbra fuego ardiente,
Treme la tierra, humíllase la gente;

La lluvia baña el techo,
Envían largos ríos los collados,
Su trabajo deshecho,
Los campos anegados
Miran los labradores, espantados.

Y de allí levantado,
Veré los movimientos celestiales,
Ansí el arrebatado
Como los naturales,
Las causas de los hados, las señales.

— 66 —

Quién rige las estrellas
Veré, y quien las enciende con hermosas
Y eficaces centellas;
Por qué están las dos osas
De bañarse en la mar siempre medrosas.

Veré este fuego eterno,
Fuente de vida y luz, dó se mantiene
Y por qué en el invierno
Tan presuroso viene;
Quién en las noches largas le detiene.

Veré sin movimiento
En la más alta esfera las moradas
Del gozo y del contento,
De oro y luz labradas,
De espíritus dichosos habitadas.

— 67 —

93

A Rosario Blanco Meaño:

Aunque no te he visto nunca, bien te conozco, Rosario, que el eco de la alabanza (ilegible) tu belleza, de tus grandes ojos pardos, de tus sublimes virtudes, de tu talento preclaro, de tu recio patriotismo, de tu odio a los tiranos... Con el mismo fuego sacro que inflamó de Policaspa el corazón adorado Luisa de Arismendi las alas que la elevaron a excelsa y gloriosa cumbre de Venezuela, por eso, hermana de Apolo, no habría de encontrar extraño que a los muchos que te aplauden, junto yo, también mis aplausos, y a los justos homenajes que de Fray Luis los amparo —rosas, flores de cariño arrojadas a tu paso— te envían altivos pechos, que son, aún en estos nuestros; como el potro del escudo, indomable e indomado, te van también los míos, confundidos entre tantos, ocultando su miseria, confundidos entre tantos (ilegible), marchito el verano, cortados en los rastrojos de un jardín lleno de cardos —y sin duda los más pobres—, por ser de un viejo soldado, más no los menos sinceros, admirativos y francos de cuantos nobles tributos a la virtud se ofrendaron.

R. M. Carabaño

Pto. Cabello: «El Olvido»

Marzo de 1931

A Felipe Ruiz

¿Qué vale cuanto vee,
do nace y do se pone, el sol luciente,
lo que el indio posee,
lo que da el claro Oriente
con todo lo que afana la vil gente?

El uno, mientras cura
dejar rico descanso a su heredero,
vive en pobreza dura
y perdona al dinero
y contra sí se muestra crudo y fiero;

el otro, que sediento
anhela el señorío, sirve ciego
y, por subir su asiento,
abájase a vil ruego
y de la libertad va haciendo entrego.

Quien de dos claros ojos
y de un cabello de oro se enamora,
compra con mil enojos
una menguada hora,
un gozo breve que sin fin se llora.

Dichoso el que se mide,
Felipe, y de la vida el gozo bueno
a sí sólo lo pide
y mira como ajeno
aquello que no está dentro en su seno.

Si resplandece el día,
si Eolo su reino turba, ensaña,
el rostro no varía
y, si la alta montaña
encima le viniere, no le daña.

Bien como la nudosa
carrasca en alto risco desmochada
con hacha poderosa,
del ser despedazada
del hierro torna rica y esforzada;

querrás hundirle y crece
mayor que de primero y, si porfía
la lucha, más florece
y firme al suelo envía
al que por vencedor ya se tenía.

Exento a todo cuanto
presume la fortuna, sosegado
está y libre de espanto
ante el tirano airado,
de hierro, de crudeza y fuego armado.

«El fuego —dice— enciende,
aguza el hierro crudo, rompe y llega
y, si me hallaras, prende
y da a tu hambre ciega
su cebo deseado, y la sosiega;

¿qué estás?, ¿no ves el pecho
desnudo, flaco, abierto? ¿Oh, no te cabe
en puño tan estrecho
el corazón, que sabe
cerrar cielos y tierra con su llave?

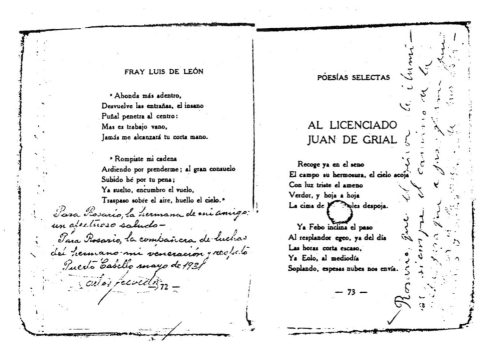

Para Rosario, la hermana de mi amigo: un afectuoso saludo—

Para Rosario, la compañera de luchas del hermano mi veneración y respeto.

Puerto Cabello, mayo de 1931

Carlos Acevedo

Rosario, que el Señor te ilumine siempre el camino de la dicha para que a pasos firmes puedas llegar a la meta de tus aspiraciones.

Gregorio Cisneros

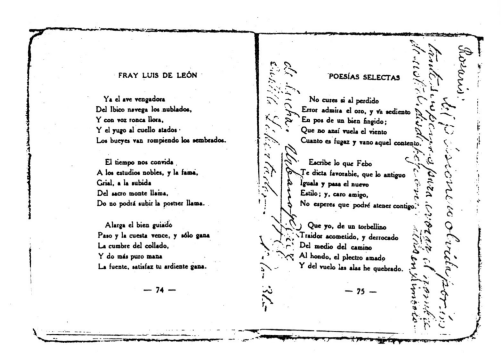

FRAY LUIS DE LEÓN

Ya el ave vengadora
Del Ibico navega los nublados,
Y con voz ronca llora,
Y el yugo al cuello atados ·
Los bueyes van rompiendo los sembrados.

El tiempo nos convida
A los estudios nobles, y la fama,
Grial, a la subida
Del sacro monte llama,
Do no podrá subir la postrer llama.

Alarga el bien guiado
Paso y la cuesta vence, y sólo gana
La cumbre del collado,
Y do más puro mana
La fuente, satisfaz tu ardiente gana.

— 74 —

POESÍAS SELECTAS

No cures si al perdido
Error admira el oro, y va sediento
En pos de un bien fingido;
Que no ansí vuela el viento
Cuanto es fugaz y vano aquel contento.

Escribe lo que Febo
Te dicta favorable, que lo antiguo
Iguala y pasa el nuevo
Estilo; y, caro amigo,
No esperes que podré atener contigo.

Que yo, de un torbellino
Traidor acometido, y derrocado
Del medio del camino
Al hondo, el plectro amado
Y del vuelo las alas he quebrado.

— 75 —

Rosario:

El prisionero olvida por instantes sus penas, para evocar el nombre de usted, desde hoy convertido en símbolo de lucha.

Urbano Pérez
Castillo Libertador 1º - 6 - 36

98

POESÍAS SELECTAS

DE LA VIDA DEL CIELO

Alma región luciente,
Prado de bienandanza, que ni al hielo,
Ni con el rayo ardiente
Falleces, fértil suelo,
Producidor eterno de consuelo;

De púrpura y de nieve
Florida la cabeza, coronado,
A dulces pastos mueve
Sin honda ni cayado
El buen Pastor en ti su hato amado.

— 77 —

Rosario Blanco.

No la conozco a usted personalmente, poco me importa. En cambio, conozco sus acciones, sus gestos nobles, sus sufrimientos, porque usted es un ejemplo vivo de esta energía inquieta que agita la sangre de nuestra Venezuela de hoy.

Su hermano Andrés, notable cirujano espiritual, rasgó con el escarpelo de la amistad sincera las carnes tibias de mi alma aún infantil y mi alma se le dio toda en la grieta fresca de la herida y en la sangre blanca de mi leal patria.

Esta tarde, tras las rejas del calabozo, bajo una franja azul del cielo, vaga mi pensamiento en el horizonte amplio del futuro y con la franqueza tenida de todos mis actos, envío hasta usted por medio del amigo del compañero, del hermano, la humilde ofrenda de mi más respetuosa admiración.

Firma ilegible

Calabozo número 3. C. Libertador

Abril, 11 de 1930

99

El va y en pos dichosas
le siguen sus ovejas, do las pace
con inmortales rosas,
con flor que siempre nace
y cuanto más se goza más renace;

y dentro a la montaña
del alto bien las guía; ya en la vena
del gozo fiel las baña
y les da mesa llena,
pastor y pasto él solo, y suerte buena.

Y de su esfera cuando
la cumbre toca, altísimo subido,
el sol, él sesteando
de su hato ceñido,
con dulce son deleita el santo oído;

toca el rabel sonoro,
y el inmortal dulzor al alma pasa,
con que envilece el oro
y ardiendo se traspasa
y lanza en aquel bien libre de tasa.

¡Oh son!, ¡oh voz!, ¡siquiera
pequeña parte alguna descendiese
en mi sentido, y fuera
de sí el alma pusiese
y toda en ti, oh Amor, la convirtiese!;

conocería dónde
sesteas, dulce Esposo, y, desatada
de esta prisión adonde
padece, a tu manada
viviera junta, sin vagar errada.

Al apartamiento

Las imágenes grandiosas y dualidad tienden al mundo de la perfección. No obstante la sencillez de las palabras nótase la disposición. El tiempo «Ayer y hoy», son instrumentos propicios para el debate del poeta en las cuatro paredes del calabozo.

Ernesto Silva Tejería compone su poema en la p. 80. En la p. 81, comienzan los versos de Fr. Luis en su ¡Reposo dulce, alegre, sosegado!, y terminan en la p. 85, donde se dirigen siete de los amigos de Rosario y estampan sus firmas en la p. 86.

AL APARTAMIENTO

¡Oh ya seguro puerto
De mi tan luengo error! ¡Oh deseado
Para reparo cierto
Del grave mal pasado!
¡Reposo dulce, alegre, sosegado!

Techo pajizo, adonde
Jamás hizo morada el enemigo
Cuidado, ni se esconde
Envidia en rostro amigo,
Ni voz perjura, ni mortal testigo.

— 81 —

Rosario Blanco:

Frente a la Isla amarga
atravesó el bauprés de la nave,
en la mano driza
esperando que se inflen las velas
hacia el futuro recio.

Rosario Blanco
clarinada de Patria
hacia los cuatro vientos;
camarada total
en el anhelo irreductible.

Desde la cárcel te saludo,
mujer venezolana de estos tiempos
espiga al sol de la vendimia nueva.

Ernesto Silva Tellería
Castillo Libertador, 1930

102

sierra que vas al cielo
altísima, y que gozas del sosiego
que no conoce el suelo,
adonde el vulgo ciego
ama el morir, ardiendo en vivo fuego:

recíbeme en tu cumbre,
recíbeme, que huyo perseguido
la errada muchedumbre,
el trabajar perdido,
la falsa paz, el mal no merecido;

y do está más sereno
el aire me coloca, mientras curo
los daños del veneno
que bebí mal seguro,
mientras el mancillado pecho apuro;

mientras que poco a poco
borro de la memoria cuanto impreso
dejó allí el vivir loco
por todo su proceso
vario entre gozo vano y caso avieso.

En ti, casi desnudo
deste corporal velo, y de la asida
costumbre roto el nudo,
traspasaré la vida
en gozo, en paz, en luz no corrompida;

de ti, en el mar sujeto
con lástima los ojos inclinando,
contemplaré el aprieto
del miserable bando,
que las saladas ondas va cortando:

El uno, que surgía
Alegre ya en el puerto, salteado
De bravo soplo, guía,
En alta mar lanzado,
Apenas el navío desarmado;

El otro en la encubierta
Peña rompa la nave, que al momento
El hondo pide abierta;
El otro calma en viento,
Otro en las bajas Sirtes hace asiento.

A otros roba el claro
Día y el corazón el aguacero,
Ofrecen al avaro
Neptuno su dinero;
Otro nadando huye el morir fiero.

— 84 —

Esfuerza o pon el pecho;
Mas ¿cómo será parte un afligido
Que va, el leño deshecho,
De flaca tabla asido,
Contra un abismo inmenso embravecido?

¡Ay, otra vez y ciento
Otras, seguro puerto deseado!
No me falte tu asiento,
Y falte cuanto amado,
Cuanto del ciego error es codiciado.

— 85 —

A la vida religiosa

En esta búsqueda, guiado por los preceptos divinos trata de alcanzar la perfección, tan difícil de lograr. Fervoroso y amante de la esperanza, busca el reposo con espíritu recto y corazón contrito. Sigue de cerca el Evangelio: oh! Dios de mi salud, alabará mi lengua tu justicia... De otra forma es un negarse; la tolerancia con los demás; y, la caridad, especialmente. El reino de los cielos no es comparado a los manjares de la tierra, es ciertamente la justicia, la paz, el gozo en la morada del Espíritu Santo. Por tanto, en el retiro voluntario encontraremos siempre la identidad con nuestro espíritu, la vida y el sosiego para vivir con Dios: «Ten misericordia de mí, Dios, según tu gran misericordia. Y según la grandeza de tus misericordias, borra mi iniquidad. Lávame más y más de mi iniquidad y límpiame de mi pecado. Pues reconozco mis culpas y mi pecado está siempre contra mí. Sólo contra Ti he pecado, y lo malo lo hice ante Ti, para que se justifiquen tus palabras y venzan en el juicio.»

En la p. 87, promuévense las dos primeras estrofas de la Oda que continúa hasta la p. 95, con las palabras de Genaro Silva Pérez, al pie.

A LA VIDA RELIGIOSA

Mil varios pensamientos
Mi alma en un instante revolvía
Cercada de tormentos,
De pena y agonía,
Buscando algún descanso y alegría:

Mas como ño hallaba
Contento en esta vida ni reposo,
Desalada buscaba
Con paso presuroso
A su querido amor y dulce esposo.

— 87 —

Los compañeros de la clase de historia y geografía de la Escuela Sinforiano Martínez, primera universidad popular de Venezuela, dedican un recuerdo de cariño y admiración a la señorita Rosario Blanco, gentil colaboradora de la dirección de El Imparcial, de nuestro compañero el Dr. Andrés Eloy Blanco, profesor de esta asignatura y uno de nuestros fundadores.

Castillo Libertador

Abril, 11 de 1930

Carlos Márquez
Pedro Antonio Parra
J. Vera
Juan F. Pacheco
Simeón E. Torres
M. Royan
Dámaso Mota O.

Y andándole buscando
cansada se sentó á una fuente,
que la iba destilando
un risco mansamente,
regando el verde prado su corriente.

Las parleruelas aves
una acordada música hacían
de voces tan suaves
que al alma enternecían,
y en amor de su esposo la encendían.

Y con gentil donaire,
plegando y desplegando sus alillas,
jugaban por el ayre
las simples avecillas,
divididas en órden por quadrillas.

Y en forma de torneo
las unas con las otras se encontraban
con ligero meneo,
despúes revoleaban,
y entre la verde yerba gorgeaban.

Gozando de esta fiesta,
mi alma entre mil flores recostada
durmió un poco la siesta,
y estando descuidada
oyó una voz, que la dexó admirada.

No temas (le decía)
mas oye atentamente lo que digo,
si buscas alegría
y estar siempre conmigo,
huye del mundo y de quien es su amigo.

Que si el trabajo huyes,
y gustas de deleytes y consuelo,
sabe que te destruyes,
pues truecas por el suelo
la gloria eterna del empíreo cielo.

Mira que estás cercada
de tres contrarios tuyos capitales,
y vives descuidada
de los crecidos males,
que te podrán causar contrarios tales.

Advierte que está el uno
apoderado ya de tu castillo,
y los dos de consuno
comienzan á batillo,
sin que tus fuerzas puedan resistillo.

Déxales por despojos
el contento, regalo, y la riqueza,
y no vuelvas los ojos
á ver esa vileza,
pues quanto dexar puedes es pobreza.

Que si dexares uno,
ciento tendrás por él en esta vida
sin descontento alguno,
y allá en la despedida
daráte Dios la gloria prometida.

Verás en este suelo,
dando de mano al mundo fementido,
un retrato del cielo,
que Dios tiene escondido
en la celdilla pobre, y el vestido.

Ageno del cuidado
que al mercader sediento trahe ansioso,
de sólo Dios pagado
se goza el Religioso
libre del mundo falso y engañoso.

No busca los favores
que al ambicioso trahen desvelado
en casa de señores,
mas antes retirado
goza su suerte y su feliz estado.

No tiene desconsuelo,
ni puede entristecerle cosa alguna,
porque es Dios su consuelo,
ni la vana fortuna
con su mudable rueda le importuna.

La casa y celda estrecha
alcazar le parece torreado,
la túnica deshecha
vestido recamado,
y el suelo duro lecho delicado.

El cilicio texido
de punzadoras cerdas de animales,
que al cuerpo está ceñido,
aparta de los males,
que causa el ciego amor á los mortales.

La disciplina dura
de retorcido alambre le dá gusto,
pues cura la locura
del estragado gusto,
que huye á rienda suelta de lo justo.

» En estos ejercicios
Su vida pasa más que venturosa.
Apartado de vicios,
Sin que le dañen cosa
Mundo, demonio, carne pegajosa.

» Cuanto el seglar procura
Adquirir con deleites y facienda (1)
Se dan de añadidura,
No más de porque atienda
Al servicio de Dios, y no le ofenda.»

Gustaba en gran manera
Mi alma de la plática que oía;
Y para ver quién era
El que aquello decía
Durmiendo, aquí y allí se revolvía.

(1) Hacienda.

— 94 —

Mas tocando la mano
El agua cristalina de la fuente,
Salió su intento vano,
Pues luego de repente
La voz se fué y el sueño juntamente.

— 95 —

Rosario:

Tú en el hogar la hermana, y en nuestra prisión la amiga y camarada, va en ésta mi recuerdo puro del ideal hermano. Toda la esencia de un afecto sincero.

Genaro Silva Pérez

Marzo, 31 de 1930

110

A Don Pedro Portocarrero

Oda de tono irónico, donde no escatima la franqueza. A la vez que sanciona Fr. Luis, se defiende también con versos tensos y carácter recio frente a las circunstancias en una maliciosa acusación.

La Oda se inicia en la p. 97, termina dos páginas después. «Voz lejana» de Amauri González, se aprecia en la p. 96.

POESÍAS SELECTAS

A DON PEDRO
PORTOCARRERO

No siempre es poderosa,
Portocarrero, la maldad, ni atina
La envidia ponzoñosa;
Y la fuerza sin ley, que más se empina
Al fin la frente inclina;
Que quien se opone al cielo,
Cuando más alto sube, viene al suelo.

— 97 —

Voz lejana

Desde afuera tu grito
Salva fosos, cerrojos y rastrillos
Se tiende como una sala de infinito
en las llagas abiertas por los grillos.

Se presiente en la sombra
Se le mira en el lírico derroche
De los luceros, tras la mar callada,
y se llena de música la noche

Si el cautivo te nombra:
Rosario! Patria! Espada!

Amauri González

Castillo Libertador
Calabozo 6

Testigo es manifiesto
el parto de la Tierra mal osado,
que, cuando tuvo puesto
un monte encima de otro, y levantado,
al hondo derrocado,
sin esperanza gime
debajo su edificio que le oprime.

Si ya la niebla fría
al rayo que amanece odiosa ofende
y contra el claro día
las alas oscurísimas extiende,
no alcanza lo que emprende,
al fin y desaparece,
y el sol puro en el cielo resplandece.

No pudo ser vencida,
ni lo será jamás, ni la llaneza
ni la inocente vida
ni la fe sin error ni la pureza,
por más que la fiereza
del Tigre ciña un lado,
y el otro el Basilisco emponzoñado;

por más que se conjuren
el odio y el poder y el falso engaño,
y ciegos de ira apuren
lo propio y lo diverso, ajeno, extraño,
jamás le harán daño;
antes, cual fino oro,
recobra del crisol nuevo tesoro.

El ánimo constante,
armado de verdad, mil aceradas,
mil puntas de diamante
embota y enflaquece y, desplegadas
las fuerzas encerradas,
sobre el opuesto bando
con poderoso pie se ensalza hollando;

y con cien voces suena
la Fama, que a la Sierpe, al Tigre fiero
vencidos los condena
a daño no jamás perecedero;
y, con vuelo ligero
viniendo, la Victoria
corona al vencedor de gozo y gloria.

En la p. 101 adelantan los primeros versos de la Oda *Contra un juez avaro;* en el margen derecho el saludo de A. Nava. Al final de la Oda, en la p. 103, declara «Patria y voto», J. Altuve Torres.

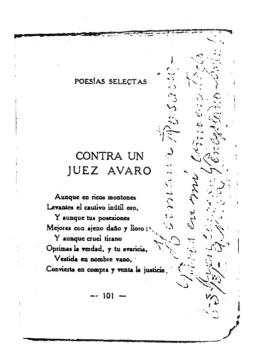

POESÍAS SELECTAS

CONTRA UN JUEZ AVARO

Aunque en ricos montones
Levantes el cautivo inútil oro,
Y aunque tus posesiones
Mejores con ajeno daño y lloro;
Y aunque cruel tirano
Oprimas la verdad, y tu avaricia,
Vestida en nombre vano,
Convierta en compra y venta la justicia.

–- 101 —

Hermana Rosario:

Vives en mí como en todo buen corazón venezolano.

   Saludos

                                    A. Nava

                          6 de marzo de 1931

116

A Rosario Blanco M.:

Ocupas un puesto distinguido en cada corazón venezolano. Patria - voto!

J. Altuve Torres

Castillo Libertador

3-3-31

En una esperanza que salió vana

¡Cuánta nostalgia, sentimiento y opresión en el momento de la partida! ¡El suceso hace pensar en la salida de Mío Cid, respaldado de un pueblo que lo aclama! ¡Cuánta gente también para favorecer al santo y sin poder prestar ayuda! Dos escenas distintas, pero ambas inquietas por los seres amados. Fr. Luis va como el señor de Vivar a pelear no con la espada, pero sí en su lucha interior, en medio de las grandes barreras y enemigos. ¡Qué delirio en su sana razón!

¡Es cierto que se expresa como Job porque su espíritu es el mismo!

En la p. 105 se inicia la Oda, debajo una frase con firma ilegible.

En la p. 104 hay una nota de Luis M. Monsanto. En la p. 106, parte superior, unas palabras y entre estrofas el nombre de Juan Montes L. La Oda termina en la p. 110, y en la próxima p. el mensaje de Ramón Morales.

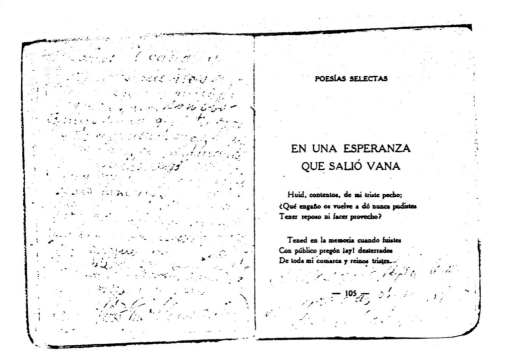

POESÍAS SELECTAS

EN UNA ESPERANZA QUE SALIÓ VANA

Huid, contentos, de mi triste pecho;
¿Qué engaño os vuelve a dó nunca pudistes
Tener reposo ni facer provecho?

Tened en la memoria cuando fuistes
Con público pregón ¡ay! desterrados
De toda mi comarca y reinos tristes.

— 105 —

Rosario:

El canal y los muros que nos engloban en un mundo pequeño, no son obstáculo para que tu voz fuerte y venezolana llegue a nosotros como durante muchos días, llegó certera y pura al corazón de los hombres de mi país. Plenos de una inquietud e inquebrantable fe aguardaron la aurora de la hora nueva sobre la que tu perfil admirable de camarada adquiera el relieve humano y noble que se merece.

Castillo Libertador

31 de marzo de 1930

Luis M. Monsanto

119

A dó ya no veréis sino nublados
Y viento y torbellino y lluvia fiera,
Suspiros encendidos y cuidados.

No pinta el prado aquí la primavera,
Ni nuevo sol jamás las nubes dora,
Ni canta el ruiseñor lo que antes era.

La noche aquí se vela, aquí se llora
El día miserable sin consuelo,
Y vence al mal de ayer el mal de agora.

Guardad vuestro destierro, que ya el suelo
No puede dar contento al alma mía,
Si ya mil vueltas diere andando el cielo;

Guardad vuestro destierro, si alegría,
Si gozo y si descanso andais sembrando,
Que aqueste campo abrojos solos cría;

Guardad vuestro destierro, si tornando
De nuevo, no quereis ser castigados
Con crudo azote y con infame bando;

Guardad vuestro destierro, que olvidados
De vuestro sér en mí seréis, dolores;
Tal es la fuerza de mis duros hados.

Los bienes más queridos y mayores
Se mudan y en mi daño se conjuran,
Y son por ofenderme a sí traidores.

A Rosario, tipo de mujer nueva, original, que desea las grandes conquistas sin perder su silueta netamente femenina. Con mujer así, mis ansias de igualación social.

Juan Montes L.
Castillo Libertador
Mayo, 31 de 1930

120

Mancíllanse mis manos, si se apuran;
la paz y la amistad me es cruda guerra;
las culpas faltan, mas las penas duran.

Quien mis cadenas más estrecha y cierra
es la memoria mía y la pureza;
cuando ella sube, entonces vengo a tierra.

Mudo su ley en mi Naturaleza,
y pudo en mi dolor lo que no entiende
ni seso humano ni mayor viveza.

Cuanto desenlazarse más pretende
el pájaro cautivo, más se enliga,
y la defensa mía más me ofende.

En mí la culpa ajena se castiga
y soy del malhechor, ¡ay!, prisionero,
y quieren que de mí la Fama diga.

Dichoso el que jamás ni ley ni fuero
ni el alto tribunal ni las ciudades
ni conoció del mundo el trato fiero;

que por las inocentes soledades
recoge el pobre cuerpo en vil cabaña
y el ánimo enriquece con verdades;

cuando la luz el aire y tierras baña,
levanta al puro sol las manos puras,
sin que se las aplomen odio y saña;

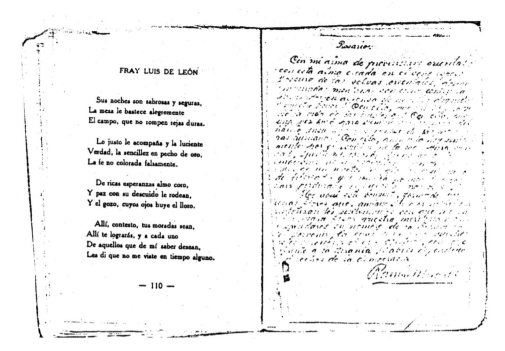

Rosario.

Con mi alma de provinciano oriental, con esta alma creada en el seno espeso y oscuro de las selvas orientales, donde empinadas montañas son como centinelas avanzados en defensa de nuestra dignidad y nuestro honor! Con ella que en un tiempo vivió la vida de las ilusiones!, con ella que una vez huyó para siempre avergonzada, que hálito insufrible y venenoso de las inculturas humanas. Con ellos animados hoy únicamente con el espíritu de la más pura verdad, junto a mi corazón lleno de ardientes emociones de un palpitante amor familiar de un montón de glorias y un rayo de libertad, que un día no muy lejano hará perdurable el bienestar nacional.

He aquí este bouquet formado por unas flores que aunque sin olor ni belleza, sintetizan los sentimientos. Me inclino para besar vuestra meritoria mano y saludaros en nombre de la República del Porvenir, la cual premiará vuestros gestos heroicos, nobles y gentiles, con que en frente a la tiranía habéis defendido los derechos de la democracia.

Ramón Morales

Las pp. 111-112 contienen a la Oda *En la Ascensión.* En la p. 113, se aprecian las dos primeras estrofas de la Oda *A todos los santos,* de corte horaciano, alabanzas en el estilo barroco, paráfrasis nobles, airosas, de formidable sujeción artística. Las estrofas son el contenido del oficio divino, con el regocijo de las horas canónicas. Las palabras hacen escuchar a las dos bandas alternando en ejercicio simultáneo, luego de la señal del señor prior en el convento. Un mosaico estimable de correspondencia ideológica y musical.

Sobre el título de la Oda en la p. 113, firma T. Sardi C. Al final en la p. 119, la saluda M. A. García Maldonado.

En la ascensión

¿Y dejas, Pastor santo,
tu grey en este valle hondo, oscuro,
con soledad y llanto
y tú, rompiendo el puro
aire, te vas al inmortal seguro?

Los antes bienhadados
y los ahora tristes y afligidos,
a tus pechos criados,
de ti desposeídos,
¿a dó convertirán ya sus sentidos?

¿Qué mirarán los ojos
Que vieron de tu rostro la hermosura,
Que no les sea enojos?
Quien oyó tu dulzura,
¿Qué no tendrá por sordo y desventura?

A aqueste mar turbado,
¿Quién le pondrá ya freno? ¿quién concierto
Al viento fiero, airado,
Estando tú cubierto?
¿Qué norte guiará le nave al puerto?

¡Ay! nube envidiosa
Aún deste breve gozo, ¿qué te quejas?
¿Dó vuelas presurosa?
¡Cuán rica tú te alejas!
¡Cuán pobres y cual ciegos ¡ay! nos dejas!

— 112 —

A TODOS-LOS SANTOS

¿Qué santo o qué gloriosa
Virtud, qué deidad, que el cielo admira,
¡Oh Musa poderosa
En la cristiana lira!
Diremos entre tanto que retira

El sol con presto vuelo
El rayo fugitivo, en este día
Que face alarde el cielo
De su caballería?
¿Qué nombre entre estas breñas a porfía

— 113 —

T. Sardi C.

repetirá sonando
la imagen de la voz, en la manera
el aire deleitando
que el Efrateo hiciera
del sacro y fresco Hermón por la ladera?;

a do, ceñido el oro
crespo con verde hiedra, la montaña
condujo con sonoro
laúd, con fuerza y maña
del oso y del león domó la saña.

Pues, ¿quién diré primero,
que el Alto y que el Humilde?, y que la vida
por el manjar grosero
restituyó perdida,
que al cielo levantó nuestra caída,

igual al Padre Eterno,
igual al que en la tierra nace y mora,
de quien tiembla el infierno,
a quien el sol adora,
en quien todo el ser vive y se mejora.

Después el vientre entero,
la Madre de esta Luz será cantada,
clarísimo Lucero
en esta mar turbada,
del linaje humanal fiel abogada.

Espíritu divino,
no callaré tu voz, tu pecho opuesto
contra el dragón malino;
ni tú en olvido puesto
que a defender mi vida estás dispuesto.

Osado en la promesa,
barquero de la barca no sumida,

a ti mi voz profesa;
y a ti que la lucida
noche te traspasó de muerte a vida.

¿Quién no dirá tu lloro,
tu bien trocado amor, oh Magdalena;
de tu nardo el tesoro,
de cuyo olor la ajena
casa, la redondez del mundo es llena?

Del Nilo moradora,
tierna flor del saber y de pureza,
de ti yo canto ahora;
que en la desierta alteza,
muerta, luce tu vida y fortaleza.

¿Diré el rayo Africano?
¿diré el Stridonés, sabio, elocuente?
¿o del panal Romano?
¿o del que justamente
nombraron Boca de oro entre la gente?

Columna ardiente en fuego,
el firme y gran Basilio al cielo toca,
mayor que el miedo y ruego;
y ante su rica boca
la lengua de Demóstenes se apoca.

Cual árbol con los años
la gloria de Francisco sube y crece;
y entre mil ermitaños
el claro Antón parece
luna que en las estrellas resplandece.

¡Ay padre! ¿y dó se ha ído
Aquel raro valor? o ¿qué malvado
El oro ha destruído
De tu templo sagrado?
¿Quién zizañó tan mal tu buen sembrado?

Adonde la azucena
Lucía y el clavel, do el rojo trigo,
Reina agora la avena,
La grama, el enemigo
Cardo, la sinjusticia, el falso amigo.

Convierte piadoso
Tus ojos y nos mira, y con tu mano
Arranca poderoso
Lo malo y lo tirano,
Y planta aquello ahtiguo, humilde y llano.

— 118 —

Da paz a aqueste pecho,
Que hierve con dolor en noche escura;
Que fuera deste estrecho
Diré con más dulzura
Tu nombre, tu grandeza y hermosura.

No niego, dulce amparo
Del alma, que mis males son mayores
Que aqueste desamparo;
Mas cuanto son peores,
Tanto resonarán más tus loores.

— 119 —

Salud a Rosario.

M. A. García Maldonado

Castillo Libertador

31 de mayo de 1930

128

A Santiago

Honra a Fr. Luis la *Oda a Santiago*, hermano de San Juan, el discípulo amado —mártir de la fe y patrono nacional de España—. El Apóstol Santiago está sujeto a fantásticas leyendas tradicionales en las cuales se inspiró el agustino para crear su versión. Se mantiene, sin que se haya podido comprobar que este valiente soldado de Jerusalén —el primero en dar testimonio con su sangre de la verdad cristiana— cuando remendaba las redes dentro de la barca de su padre en el lago de Genesaret, vio que se acercaba a la ribera Jesús, el nacido en Belén. Hablándole le dijo: «sígueme con tu hermano en el proyecto misionero». Conscientes los dos ante la realidad de la cruz, se ofrecieron completamente. Más tarde el Apóstol es degollado por órdenes de Herodes Agripa en la misma Jerusalén. Se ha comentado también que su cuerpo fue milagrosamente trasladado hasta Galicia. El hecho revistió especial atención entre los cristianos devotos a principios de la Edad Media. Además, el apóstol fue famoso por su excelente reputación como predicador en la Hispania pagana y como guía para las guerras de la Reconquista.

En esta Oda se revela el carácter épico-lírico de Fr. Luis. En la p. 121, quedan impresas las dos primeras estrofas. Al lado, en la p. 120, se aprecia el poema *Perlas*, que va a concluir en la p. 132 con la firma de su autor, Iván Guardia (Félix R. Briceño). En el margen derecho de la p. 121, aparece el testimonio de Garcés Itriago.

Rosario

Perlas
de un oriente nuevo;
margaritas
del mar Caribe consumes
para la joya de tu nombre;
Aurora
para la floración del homenaje;
Simiente
dada la gestación de la luz.

        Voz

Viene
taladrando el silencio
como la estrella a la sombra;
y el hilo
de su vibración
fue la escala
tendida hasta nosotros
por la mano
de una mujer de hoy.

Testimonio de aprecio a Rosario Blanco

Garcés Itriago

31 de marzo de 1930

y aquella Nao dichosa,
del cielo esclarecer merecedora,
que joya tan preciosa
nos trajo, fuera ahora
cantada del que en Citia y Cairo mora.

Osa el cruel tirano
ensangrentar en ti tu injusta espada;
no fue consejo humano;
estaba a ti ordenada
la primera corona, y consagrada.

La fe que a Cristo diste
con presta diligencia has ya cumplido;
de su cáliz bebiste,
apenas que subido
al cielo retornó, de ti partido.

No sufre larga ausencia,
no sufre, no, el amor que es verdadero;
la muerte y su inclemencia
tiene por muy ligero
medio por ver al dulce compañero.

Cual suelo el fiel sirviente,
si en medio la jornada le han dejado,
que haciendo prestamente
lo que le fue mandado,
torna buscando al amo ya alejado,

así, entregado al viento,
del mar Egeo al mar de Atlante vuela
do, puesto el fundamento
de la cristiana escuela,
torna buscando a Cristo a remo y vela.

Allí por la maldita
mano el sagrado cuello fue cortado:

camina en paz, bendita
alma, que ya has llegado
al término por ti tan deseado!

A España, a quien amaste
(que siempre al buen principio el fin responde),
tu cuerpo le enviaste
para dar luz adonde
el sol su claridad cubre y esconde;

por los tendidos mares
la rica navecilla va cortando;
Nereidas a millares
del agua el pecho alzando,
turbadas entre sí la van mirando;
y de ellas hubo alguna
que, con las manos de la nave asida,
la aguija con la una y con la otra tendida
a las demás que lleguen las convida.

Ya pasa del Egeo,
y vuela por el Jonio; atrás ya deja
el puerto Lilibeo;
de Córcega se aleja
y por llegar al nuestro mar se aqueja.

Esfuerza, viento, esfuerza;
hinche la santa vela, enviste en popa;
el curso haz que no tuerza,
do Abila casi topa
con Calpe, hasta llegar al fin de Europa.

Y tú España, segura
del mal y cautiverio que te espera,
con fe y voluntad pura
ocupa la ribera:
recibirás tu guarda verdadera;

que tiempo será cuando,
de innumerables huestes rodeada,
del cetro real y mando
te verás derrocada,
en sangre, en llanto y en dolor bañada.

De hacia el Mediodía
oye que ya la voz amarga suena;
la mar de Berbería
de flotas veo llena;
hierve la costa en gente, en sol la arena;

con voluntad conforme
las proas contra ti se dan al viento,
y con clamor deforme
de pavoroso acento
avivan de remar el movimiento;

y la infernal Meguera,
la frente de ponzoña coronada,
guía la delantera
de la morisca armada,
de fuego, de furor, de muerte armada.

Cielos, so cuyo amparo
España está: merced en tanta afrenta!
Si ya este suelo caro
os fue, nunca consienta
vuestra piedad que mal tan crudo sienta.

Mas, ¡ay!, que la sentencia
en tabla de diamante está esculpida;
del Godo la potencia
por el suelo caída,
España en breve tiempo es destruida.

¿Cuál río caudaloso,
que los opuestos muelles ha rompido

con sonido espantoso,
por los campos tendido
tan presto y tan feroz jamás se vido?

   Mas cese el triste llanto,
recobre el Español su bravo pecho;
que ya el Apóstol santo,
un otro Marte hecho,
del cielo viene a darle su derecho;

   vesle de limpio acero
cercado, y con espada relumbrante;
como rayo, ligero,
cuanto le va delante
destroza y desbarata en un instante;

   de grave espanto herido,
los rayos de su vista no sostiene
el Moro descreído;
por valiente se tiene
cualquier que para huir ánimo tiene.

   Huye, si puedes tanto;
huye, mas por demás, que no hay huída;
bebe dolor y llanto
por la misma medida
con que ya España fue de ti medida.

   Como león hambriento,
sigue, teñida en sangre espada y mano,
de más sangre sediento,
al Moro que huye en vano;
de muertos queda lleno el monte, el llano.

   ¡Oh gloria, oh gran prez nuestra,
escudo fiel, o celestial guerrero!
vencido ya se muestra
el Africano fiero
por ti, tan orgulloso de primero;

por ti del vituperio,
por ti de la afrentosa servidumbre
y triste cautiverio
libres, en clara lumbre
y de la gloria estamos en la cumbre.

Siempre venció tu espada,
o fuese de tu mano poderosa,
o fuese meneada
de aquella generosa,
que sigue tu milicia religiosa.

Las enemigas haces
no sufren de tu nombre el apellido;
con sólo esto haces
que el Español oído
sea, y de un polo a otro tan temido.

De tu virtud divina
la fama, que resuena en toda parte,
siquiera sea vecina,
siquiera más se aparte,
a la gente conduce a visitarte.

El áspero camino
vence con devoción, y al fin te adora
el Franco, el peregrino
que Libia descolora,
el que en Poniente, en que en Levante mora.

A Nuestra Señora

Entre tanta conspiración, Fr. Luis es incapaz de reconocer sus detractores; siente pena y vergüenza a consecuencia de ellos mismos; no queda más recurso que la oración por el perdón. Pide al Señor ilumine a todo el que se encuentre en oscuridad y sombra; lo hace bajo el estandarte de María que considera bella como la luna, brillante como el sol, terrible como un ejército formado en batalla.

En su alabanza *A Nuestra Señora*, es admirable el culto de hiperdulía; no es más que la invocación con las letanías lauretanas: «Madre inmaculada, Madre admirable, Virgen prudentísima, Espejo de justicia, Vaso espiritual». Y siempre en la vena petrarquista hasta alcanzar el salmo 106.

La p. 133 donde se inicia el himno, mantiénese impoluta, así las otras hasta la p. 141; el final en la p. 142, es aclamación de Fr. Luis; remembranza, devoción de Luis López-Méndez por la cumanesa que reza; firma en la p. 143. En esta misma página comienza la *Canción a Jesucristo crucificado*, himno de gloria que se ofrece a nuestro Divino Redentor, donde el religioso ha quedado inspirado, posiblemente en presencia de Il Santo Volto —imagen de Jesús coronado de espinas y revelado en el paño con que cubriera su dolorido rostro el Jueves o Viernes Santo, María la Magdalena en el proceso de la crucifixión, y conservado en Turín en la basílica más hermosa de Italia. La canción es una continuidad de los amados salmos que al declamarse nos transportan a la clausura de la abadía benedictina para seguir con el acompasado gregoriano —intensificados en el Monte Cassino donde se escuchó a San Benito en el año 529—. Estos versos de siete y once sílabas rimados, ingenian esta elocuente invocación de la literatura religiosa. El final se halla en la p. 150.

VERBO

Sensibilidad del espíritu
frente al hermano.
¡Cómo su estilete vibrante
centellea haciendo trizas
el mal urdido lienzo del pasado.
He estrechado su mano
y he oído su palabra poeta;
ha sabido
Cómo el concepto de su pensamiento
envuelve al porvenir
en la sábana
de la Bandera nueva,
Como al niño-válvula
por donde asciende el hombre nuevo.
Por ello sé
que eres su Hermana!

IVAN GUARDIA
(FELIX R. BRICEÑO)

Pto. Cabello (Castillo) 1º de Mzo de 1931.

POESÍAS SELECTAS

A NUESTRA SEÑORA

I

Vírgen que el sol más pura,
Gloria de los mortales,—luz del cielo,
En quien es la piedad como la alteza,
Los ojos vuelve al suelo,
Y mira un miserable en cárcel dura,
Cercado de tinieblas y tristeza;
Y si mayor bajeza
No conoce, ni igual, juicio humano,
Que el estado en que estoy por culpa ajena
Con poderosa mano
Quiebra, Reina del cielo, la cadena.

— 133 —

Verbo

Sensibilidad del espíritu
frente al hermano.
¡Cómo su estilete vibrante
centellea haciendo trizas
el mal urdido lienzo del pasado.
He estrechado su mano
y he oído su palabra poeta;
he sabido
cómo el concepto de su pensamiento
envuelve al porvenir
en la sábana
de la Bandera nueva,
como al niño-válvula
por donde asciende el hombre nuevo.
Por ello sé
que eres su Hermana!

Iván Guardia

(Félix R. Briceño)

Pto. Cabello (Castillo)

1º marzo de 1931

137

Virgen, en cuyo seno
halló la deidad digno reposo,
do fue el rigor en dulce amor trocado,
si blando al riguroso
volviste, bien podrás volver sereno
un corazón de nubes rodeado;
descubre el deseado
rostro, que admira el cielo, el suelo adora;
las nubes huirán, lucirá el día;
tu luz, alta Señora,
venza esta ciega y triste noche mía.

Virgen y Madre junto,
de tu Hacedor dichosa engendradora,
a cuyos pechos floreció la vida;
mira como empeora
y crece mi dolor más cada punto;
el odio cunde, la amistad se olvida;
si no es de ti valida
la justicia y verdad que tú engendraste,
¿adonde hallará seguro amparo?
Y pues Madre eres, baste
para contigo el ver mi desamparo.

Virgen, del sol vestida,
de luces eternales coronada,
que huellas con divinos pies la Luna;
envidia emponzoñada,
engaño agudo, lengua fementida,
odio cruel, poder sin ley ninguna,
me hacen guerra a una;
pues, contra un tal ejército maldito
¿cuál pobre y desarmado será parte,
si tu nombre bendito,
María, no se muestra por mi parte?

Virgen, por quien vencida
llora su perdición la sierpe fiera,

su daño eterno, su burlado intento;
miran de la ribera
seguras muchas gentes mi caída,
el agua violenta, el flaco aliento:
los unos con contento,
los otros con espanto; el más piadoso
con lástima la inútil voz fatiga;
yo, puesto en ti el lloroso
rostro, cortando voy onda enemiga.

    Virgen, del Padre Esposa,
dulce Madre del Hijo, templo santo
del inmortal Amor, del hombre escudo;
no veo sino espanto;
si miro la morada, es peligrosa;
si la salida, incierta; el favor mudo,
el enemigo crudo,
desnuda la verdad, muy proveída
de armas y valedores la mentira.
La miserable vida,
sólo cuando me vuelvo a ti, respira.

    Virgen, que al alto ruego,
no más humilde sí diste que honesto,
en quien los cielos contemplar desean;
como terreno puesto
—los brazos presos, de los ojos ciego—
a cien flechas estoy que me rodean,
que en herirme se emplean;
siento el dolor, mas no veo la mano
ni me es dado el huir ni el escudarme.
Quiera tu soberano
Hijo, Madre de amor, por ti librarme.

    Virgen, lucero amado,
en mar tempestuoso clara guía,
a cuyo santo rayo calla el viento;
mil olas a porfía

hunden en el abismo un desarmado
leño de vela y remo, que sin tiento
el húmedo elemento
corre; la noche carga, el aire truena;
ya por el cielo va, ya el suelo toca;
gime la rota antena;
socorre, antes que enviste en dura roca.

Virgen, no inficionada
de la común mancilla y mal primero,
que al humano linaje contamina;
bien sabes que en ti espero
desde mi tierna edad; y, si malvada
fuerza que me venció ha hecho indina
de tu guarda divina
mi vida pecadora, tu clemencia
tanto mostrará más su bien crecido,
cuanto es más la dolencia,
y yo merezco menos ser valido.

Virgen, el dolor fiero
anuda ya la lengua, y no consiente
que publique la voz cuanto desea;
mas oye tú al doliente
ánimo que continuo a ti vocea.

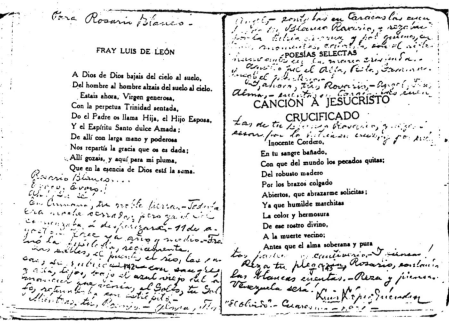

Para Rosario Blanco

Rosario Blanco...

Evoco. Evoco!

¡Ah! ¡Ya sé!

En Cumaná, tu noble tierra.- todavía era noche cerrada; pero ya el sol comenzaba a desperezarse.- 11 de agosto.- Hace ya año y medio.- Tronó la fusilería, reciamente.

Las calles, el puente, el río, las casas, se rubricaron con sangre; y allá lejos, bajo el azul viejo del amanecer que venía, el Golfo, tu Golfo, retumbaba con estrépito.

Mientras, tú, Rosario, —alma, flor, ángel,— contabas en Caracas las cuentas de tu Blanco Rosario, y rezabas por la Patria en cruz y por quienes, en tales momentos, caíamos con el rifle humeante, en la mano crispada.-

Aquello fue el Alfa, Beta, Gamma. Luego el martirio.-

Y, ahora, tú, Rosario, —ángel, flor, alma,— cuentas en Caracas las cuentas de tu Blanco Rosario, y rezas sin cesar por la Patria en cruz, y por cuantos padecemos cautiverio.- Y piensas!

Reza tu plegaria, Rosario, contando las blancas cuentas.- Reza y piensa: Venezuela será!

Luis López Méndez
«El Olvido».- Cuaresma - 1931

141

parta para salvarme,
vuelve los mansos ojos a mirarme.

Ya que el amor inmenso
con último regalo
rompe de esa grandeza las cortinas,
y con dolor intenso
arrimado a ese palo
la cabeza rodeada con espinas
hacia la Madre inclinas,
y que la voz despides
bien de entrañas reales,
y las culpas y males
a la grandeza de tu Padre pides,
que sean perdonados,
acuérdate, Señor, de mis pecados.

Aquí donde das muestras
de manirroto y largo
con las palmas abiertas con los clavos;
aquí donde tú muestras,
y ofreces mi descargo;
aquí donde redimes los esclavos,
donde por todos cabos
misericordia brotas,
y el generoso pecho
no queda satisfecho
hasta que el cuerpo de la sangre agotas;
aquí, Redentor, quiero
venir a tu justicia yo el primero.

Aquí quiero que mires
un pecador metido
en la ciega prisión de sus errores:
que no temo de ayres
en mirarte ofendido,
pues abogando estás por pecadores:
que las culpas mayores

son las que más declaran
tu noble pecho santo,
de que te precias tanto:
pues cuando las más graves se reparan,
en más tu sangre empleas,
y más con tu clemencia te recreas.

Por más que el peso grave
de mi culpa se siente
cargar sobre mi corvo y flaco cuello,
que tu yugo suave
sacudió inobediente,
quedando en nueva sujeción por ello;
por más que el suelo huello
con pasos tan cansados,
alcanzarte confío:
que pues por el bien mío
tienes los soberanos pies clavados
en un madero firme,
seguro voy que no podrás huirme.

Seguro voy, Dios mío,
de que mi buen deseo
siempre ha de hallar en tu clemencia
puerto.
De ese corazón fío,
a quien ya claro veo
por las ventanas de ese cuerpo abierto,
que está tan descubierto,
que un ladrón maniatado
que lo ha contigo a solas,
en dos palabras solas
te lo tiene robado;
y si esperamos, lugo
de aquí a bien poco le acertara un ciego.

A buen tiempo he llegado,
pues es quando tus bienes

repartes con el nuevo testamento.
Si a todos has mandado
quantos presentes tienes,
también yo ante tus ojos me presento.
Y quando en un momento
a la Madre hijo mandas,
al discípulo Madre,
el espíritu al Padre,
gloria al ladrón ¿cómo entre tantas mandas
ser mi desgracia puede
tanta, que sólo yo vacío quede?

   Miradme que soy hijo,
que por mi inobediencia
justamente podéis desheredarme:
ya tu palabra dixo
que hallaría clemencia
siempre que a ti volviese a presentarme.
Aquí quiero abrazarme
a los pies de esta cama
donde estás espirando:
que si como demando
oyes la voz llorosa que te llama,
grande ventura espero,
pues siendo hijo, quedaré heredero.

   Por testimonio pido
a quantos te están viendo,
como a este tiempo baxas la cabeza:
señal que has concedido
lo que te estoy pidiendo,
como siempre esperé de tu largueza.

¡Oh admirable grandeza!
¡caridad verdadera!
que como sea cierto
que hasta el testador muerto,
no tiene el testamento fuerza entera,

144

tan generoso eres,
que porque todo se confirme mueres.

   Canción, de aquí no hay paso:
las lágrimas sucedan,
en vez de las palabras que te quedan:
que esto nos pide el lastimoso caso,
no contentos agora
quando la tierra, el sol, y el cielo llora.

A don Pedro Portocarrero

Elegido Rector por segunda vez de la Universidad de Salamanca, es Portocarrero figura exclusiva de Fr. Luis para dedicarle sus Odas. Ahora se dirige especialmente al hermano de don Pedro. Las fuentes horacianas continúan persistentes y dignamente se realza la frente del amigo. Cada verso expone la verdad y queda don Alfonso «inducido / de la virtud ardiente / discurriendo victorioso; /.» Con ardiente templanza, el joven adelanta con distintas dificultades en la vida. La Oda culmina entre múltiples imágenes donde se fija el carácter clasicista. Así se deja a un lado el poderoso Siglo de Oro y se da bienvenida al período de las grandes convulsiones románticas.

Ratifica las palabras con su rúbrica F. de Giulio Sánchez, p. 151, iniciadas en la página anterior. Se da fin a la Oda en la p. 155 con las palabras de Luis Felipe Castro.

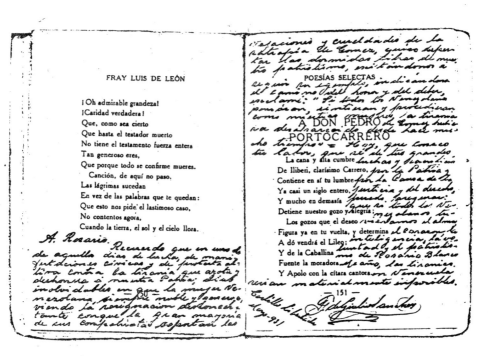

A Rosario.

Recuerdo que en uno de aquellos días de lucha, de manifestaciones cívicas y de protesta altiva contra la tiranía que azota y deshonra a nuestra Patria; días inolvidables en que la mujer venezolana, siempre noble y generosa, viendo la resignación desconcertante con que la gran mayoría de sus compatriotas soportan las vejaciones y crueldades de la satrapía de Gómez, quiso despertar las dormidas fibras de nuestro patriotismo, excitándonos a seguir su ejemplo, indicándonos el camino del honor y del deber, exclamé: «Si todos los venezolanos pensaran, sintieran y procedieran como nuestras mujeres, la tiranía de Gómez hubiera desaparecido desde hace mucho tiempo». Hoy que conozco tu labor, que sé de tus grandes luchas y sacrificios por la Patria y por la causa de la justicia y del derecho, puedo asegurar: que si todos los venezolanos tuviéramos el alma, el corazón, la inteligencia, la voluntad y el patriotismo de Rosario Blanco Meaño, las tiranías en Venezuela serían materialmente imposibles.

F. de Giulio Sánchez

Castillo Libertador

Marzo, 1931

147

Bien eres generoso
pimpollo de ilustrísimos mayores;
mas esto, aunque glorioso,
son títulos menores;
que tú, por ti venciendo,
a par de las estrellas vas luciendo,

y juntas en tu pecho
una suma de bienes peregrinos,
por donde con derecho
nos colmas de divinos
gozos con tu presencia,
y de cuidados tristes con tu ausencia;

porque te ha salteado
en medio de la paz la cruda guerra,
que ahora el Marte el airado
despierta en la alta sierra,
lanzando rabia y sanas
en las infieles bárbaras entrañas;

do mete a sangre y fuego
mil pueblos el Morisco descreído,
a quien ya perdón ciego
hubimos concedido,
a quien en santo baño
teñimos para nuestro mayor daño,

para que el nombre amigo
(¡ay, piedad cruel!) desconociese
el ánimo enemigo
y así más ofendiese:
mas tal es la fortuna,
que no sabe durar en cosa alguna.

Así la luz, que ahora
serena relucía, con nublados
veréis negra a deshora,
y los vientos alados
amontonando luego
nubes, lluvias, horrores, trueno y fuego.

Mas tú, que solamente
Temes al claro Alfonso, que inducido
De la virtud ardiente
Del pecho no vencido,
Por lo más peligroso,
Se lanza, discurriendo vitorioso;
    Como en la ardiente arena
El líbico león las cabras sigue,
Las haces desordena
Y rompe, y las persigue,
Armado relumbrando,
La vida por la gloria aventurando.
    Testigo es la fragosa
Poqueira; cuando él solo, y traspasado
Con flecha ponzoñosa,
Sostuvo denodado,
Y convirtió en huída
Mil banderas de gente descreída.

— 154 —

Mas sobre todo, cuando
Los dientes de la muerte agudos, fiera,
Apenas declinando,
Alzó nueva bandera
Mostró bien claramente
De valor no vencible lo excelente.
    Él, pues, relumbre claro
Sobre sus claros padres, mas tú en tanto,
Dechado de bien raro
Abraza el ocio santo,
Que mucho son mejores
Los frutos de la paz, y muy mayores.

Rosario Blanco, quisiera ser Andrés Eloy para escribirle un poema, pero,... me inclino ante Ud., bello brote de nuestra Venezuela revolucionaria.

Luis Felipe Castro
Castillo Libertador
Junio 1º, 1931

En la cárcel donde estuvo preso
A la salida de la cárcel

A pesar de un tema diferente al de Santa Teresa de Jesús, nos parece estar escuchando a la doctora de Avila, el deseo de perfección de quienes se sienten siervos de Dios con las referencias de la doctrina; tratando de propagar la fe con verdades y ejemplos. Ambos con el amor divino lo tratan de irradiar a otras almas. Magnífico despliegue con todo lujo de argumentos en la palabra; de este modo una forma de desnudar su alma para no ahogarse en la desesperación en el momento preciso de la mentira, envidia y repulsión.

Al lado derecho de los versos, apreciamos claramente las palabras y firma de Agustín Jiménez; al lado, en la p. 156, ilegibles las frases del Coronel Rafael Vargas. En tono similar al anterior, la Oda *Del mundo y su vanidad*, iniciada en la p. 159; arriba, la frase y firma de Norberto Borges; en la p. 158, honra a Rosario con afectuosas oraciones J. M. Suárez.

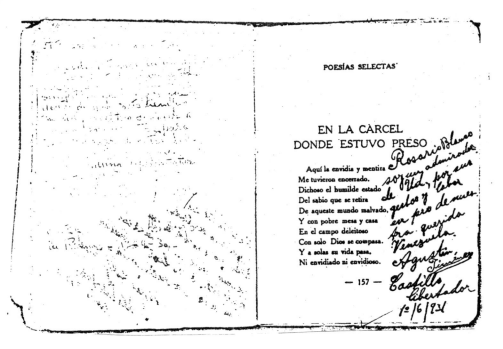

EN LA CÁRCEL
DONDE ESTUVO PRESO

Aquí la envidia y mentira
Me tuvieron encerrado.
Dichoso el humilde estado
Del sabio que se retira
De aqueste mundo malvado,
Y con pobre mesa y casa
En el campo deleitoso
Con solo Dios se compasa,
Y a solas su vida pasa,
Ni envidiado ni envidioso.

— 157 —

A Rosario Blanco Meaño.

Desde este mal llamado Castillo Libertador envío a Ud. este homenaje de admiración y simpatía y quiera Dios que dentro de muy poco tiempo me sea placentero conocer a Ud., personalmente, para tener el honor de estrechar la mano blanca y pura de la genuina representación de la mujer venezolana.

Coronel Rafael Vargas

Castillo Libertador
Domingo de Ramos
13 de Abril de 1930

Rosario Blanco

Soy un admirador de Ud., por sus gestos y labor en pro de nuestra querida Venezuela.

Agustín Jiménez

Castillo Libertador
1º-6-1931

151

Rosario:

Su solo nombre me es hermoso; la actitud de Ud. desplegada en bien de la Patria y en favor nuestro, admirable; demostrando grandeza de alma, generosidad de pensamientos y elevado patriotismo, digno de encomio.

Salve, mujer venezolana.

Este, el homenaje de mi cariñosa admiración

J. M. Suárez

C. L. febrero 3 de 1931

POESIAS SELECTAS

DEL MUNDO Y SU VANIDAD

Los que teneis en tanto
La vanidad del mundanal ruído
Cuál áspide al encanto
Del mágico temido,
Podréis tapar el contumaz óido.

¿Por qué mi ronca musa,
En lugar de cantar como solía,
Tristes querellas usa,
Y a sátira la guía
Del mundo la maldad y tiranía?

— 159 —

Rosario:

Su solo nombre me es hermoso; la actitud de Ud. desplegada en bien de la Patria y en favor nuestro, admirable; demostrando grandeza de alma, generosidad de pensamientos y elevado patriotismo, digno de encomio.

Salve, mujer venezolana.

Este, el homenaje de mi cariñosa admiración.

J. M. Suárez

C. L. febrero, 3 de 1931

Rosario:

Dios la acompañe en todos los actos de su vida.

Norberto Borges

penosas las mudanzas
del ayre, sol, y nieve,
que en nuestro daño el cielo ayrado mueve.

Con rigor enemigo
todas las cosas entre sí pelean,
mas el hombre consigo,
con quien todas guerrean,
y cuya justa perdición desean.

La soledad huida
es de los por quien fue más alabada:
la trápala seguida,
y con sudor comprada
de aquellos por quien fue menospreciada.

La pobreza envidiosa,
la riqueza de todos envidiada,
mas esta no reposa
para ser conservada,
ni puede aquélla tener gusto en nada.

Es el mayor amigo
espejo más de alinde en que nos vemos,
en presencia testigo
del bien que no tenemos,
y en ausencia del mal que no hacemos.

Pródigo en prometernos,
y en cumplir tus promesas, mundo, avaro,
tus cargos y gobiernos
nos enseñan bien claro
que es tu mayor placer de valde caro.

Guay del que los procura,
pues hace la prisión adonde queda
en servidumbre dura,
qual gusano de seda,
que en su delgada fábrica se enreda.

Porque el mejor es cargo
y muy pesado de llevar agora,
y después más amargo,
pues perdéis a deshora
su breve gusto que sin fin se llora.

Escuchen mi lamento
los que qual yo tuvieren justas quejas,
que bien podrá su acento
abrasar las orejas,
rugar la frente y enarcar las cejas.

Mas no podrá mi lengua
sus males referir ni comprehendellos,
ni sin quedar con mengua
la menor parte de ellos,
aunque se vuelvan lenguas mis cabellos.

Plugiera a Dios que fuera
igual a la experiencia el desengaño,
que daros de él pudiera,
porque (si no me engaño)
naciera gran provecho de mi daño.

No condeno del mundo
la máquina, pues es de Dios hechura,
en sus abusos fundo
la presente escritura,
cuya verdad el campo me asegura.

Inciertas son sus leyes,
incierta su medida y su balanza,
sugetos son los Reyes,
y el que más alcanza
a miserable y súbita mudanza.

No hay cosa en él perfecta,
en medio de la paz arde la guerra,

que al alma más quieta
en los abismos cierra,
y de su patria celestial destierra.

    Es caduco y mudable,
y en sólo serlo más que pena firme,
en el bien variable,
porque verdad confirme
y con decilla su maldad afirme.

    Larga sus esperanzas,
y para conseguir el tiempo breve,

    Tal es la desventura
de nuestra vida y las miserias de ella,
que es próspera ventura
nunca jamás tenella
con justo sobresalto de perdella.
¿De dó, señores, nasce
que naide de su estado está contento,
y más le satisface
al libre el casamiento,
y al que es casado el libre pensamiehto?
¡Oh dichosos tractantes!
(ya quebrantado del pesado hierro
escapado denantes
por acertado yerro
dice el soldado en áspero destierro)

    Que pasáis vuestra vida
libre ya de trabajosa pena,
segura la comida,
y mucho más la cena,
llena de risa y de pesar agena.

    ¡Oh dichoso soldado!
(responde el mercader, dese espacioso
mar en alto llevado)
que gozas del reposo
con presta muerte, o con vencer gozoso.

155

Del rústico villano
la vida con razón envidia y ama
el consulto tirano,
quando desde su cama
oye la voz del consultor que llama.

El qual por la fianza
del campo a la ciudad por él llevado,
llama sin esperanza
del buey y corvo arado
al ciudadano bienaventurado.

Y no sólo sugetos
los hombres viven a miserias tales,
que por ser más perfectos
lo son todos sus males,
sino también los brutos animales.

Del arado quejoso
el perezoso buey pide la silla,
y el caballo brioso
(mira ¡qué maravilla!)
querría más arar que no sufrilla.

Y lo que más admira,
mundo cruel, de tu costumbre mala,
es ver cómo el que aspira
al bien que le señala
su mesma inclinación, luego resbala.

Pues no tan presto llega
al término por él tan deseado,
quando es de torpe y ciega
voluntad despreciado,
o de fortuna en tierno agraz cortado.

Bastáranos la prueba
que en otros tiempos ha la muerte hecho,
sin la funesta nueva
de Don Juan, cuyo pecho
alevemente de ella fue deshecho.

Con lágrimas de fuego
hasta quedar en ellas abrasado,
o por lo menos ciego
de mí serás llorado,
por no ver tanto bien tan mal logrado.

La rigurosa muerte
del bien de los cristianos envidiosa
rompió de un golpe fuerte
la esperanza dichosa,
y del infiel la pena temerosa.

Mas porque de cumplida
gloria no goce de morir tal hombre
la gente descreída,
tu muerte los asombre
con sola la memoria de tu nombre.

Sientan lo que sentimos,
su gloria vaya con pesar mezclada,
acuérdense que vimos
la mar acrecentada
con su sangre vertida y no vengada.

La grave desventura
del Lusitano por su mal valiente,
la soberbia y locura
de su visoña gente
desbaratada miserablemente.

Siempre debe llorarse,
si como manda la razón se llora,
mas no podrá jactarse
la parte vencedora,
pues Reyes dio por Rey la gente mora.

Así que nuestra pena
no les pudo causar perpetua gloria,
pues siendo toda llena
de sangrienta memoria
no se puede llamar buena victoria.

Callo las otras muertes
de tantos Reyes en tan pocos días,
cuyas fúnebres suertes
fueron anatomías,
que liquidar podrán las peñas frías.

Sin duda cosas tales,
que en nuestro daño todas se conjuran,
de venideros males
muestras nos aseguran,
y al fin universal nos apresuran.

¡Oh ciego desatino!
que llevas nuestras almas encantadas
por áspero camino,
por partes desusadas
al Reyno del olvido condenadas.

Sacude con presteza
del leve corazón el grave sueño,
y la tibia pereza
que con razón desdeño,
y al exercicio aspira que te enseño.

Soy hombre piadoso
de tu mesma salud, que va perdida,
sácala del penoso
trance do está metida,
evitarás la natural caída.

A la cual nos inclina
la justa pena del primer bocado:
mas en la rica mina
del inmortal costado,
muerto de amor, serás vivificado.

Del conocimiento de sí mismo

Canción para ser meditada. Con espaciosas estancias y de humana profundidad, es factura de la buena experiencia de Fr. Luis. La estructura sencilla con demostraciones de lealtad, bien elaboradas y tendencia italianizante. Apareció en la edición de Francisco de Quevedo. Las palabras fluyen cariñosas y suaves como las aguas apacibles de un río por cuyo cauce la corriente como el cristianismo renovado por el bautismo. Buenas metáforas y acertadas comparaciones, igual que los nombres, adjetivos y endecasílabos pareados.

Alberto Barasoain[1] ha señalado acertadamente el fundamento de estos versos. Esta vez por el lenguaje usado y calidad escénica, logra emparentarse Fr. Luis con don Pedro Calderón de la Barca. Detengámonos un momento y observemos la correspondencia de hemistiquios.

Iniciada en la p. 175, concluye en la p. 185, donde se dirige y firma Julio C. Alvarado. En la p. 174, Alcides Lozada deja impresa su página. En las pp. 178-179 (ambos márgenes y la parte inferior), expresiones de E. Mibelli. Al final de la p. 185, escribe su mensaje Gustavo Ponte R.

---

[1] *Fr. Luis de León* (Madrid: Ediciones Júcar, 1973), pp. 61-62.

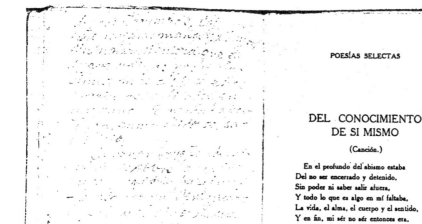

DEL CONOCIMIENTO
DE SI MISMO

(Canción.)

En el profundo del abismo estaba
Del no ser encerrado y detenido.
Sin poder ni saber salir afuera,
Y todo lo que es algo en mí faltaba,
La vida, el alma, el cuerpo y el sentido,
Y en fin, mi sér no sér entonces era,
Y así desta manera
Estuve eternalmente
Nada visible y sin tratar con gente:

— 175 —

A Rosario Blanco.

He aquí un álbum que no es aquel galante libreto implantado por la moda del XVIII. Huelga la frase admiràda, exclúyese la bordada kasaka, y el paso ceremonioso, y las reverencias. Quisiéramos tratarte, Rosario, como los cristianos de los primeros siglos a sus hermanos —Prisca-Aquil, Claudia—, cuyos nombres aclaraban las sombras de las catacumbas. Cogemos entre nuestras manos la tuya, sin notar siquiera que es suave y fina: nos confundimos, más allá de estas engañosas realidades, en un plano de verdad apostólica ennoblecido de sacrificio.

En honor tuyo tendemos manteles sobre la mesa ruda y nos repartimos —pensando en Venezuela— el pan y el vino de un ágape simbólico.

Alcides Lozada

Castillo Libertador. Febrero 2, 1931

160

en tal suerte que aun era muy mas buena
del ancho mar la mas menuda arena,
y el gusanillo de la gente hollado
un Rey era conmigo comparado.

Estando pues en tal tiniebla escura
volviendo ya con curso [1] presuroso
la sexta edad [2] el estrellado cielo,
miró el gran Padre Dios de la natura,
y vióme en sí benigno y amoroso,
y sacóme á la luz de aqueste suelo,
vistióme de este vielo
de flaca carne y hueso;
mas dióme el alma, á quien no hubiera peso
que impidiera llegar á la presencia
de la divina é inefable esencia,
si la primera culpa no agravára
su ligereza y alas derribára.

¡Oh culpa amarga! y quanto bien quitaste
al alma mia! quanto mal hiciste!
luego que fué criada, y junto infusa,
tú de gracia y justicia la privaste,
y al mismo Dios contraria la pusiste,
ciega, enemiga, sin favor, confusa,
por tí siempre rehusa
el bien, y la molesta
la virtud, y á los vicios está presta;
por tí la fiera muerte ensangrentada,
por tí toda miseria tuvo entrada,
hambre, dolor, gemido, fuego, invierno,
pobreza, enfermedad, pecado, infierno.

Así que en los pañales del pecado
fuí (como todos) luego al punto envuelto,
y con la obligación de eterna pena,
con tanta fuerza, y tan estrecho atado,

---

(1)   Imp. *cuerpo.*

(2)   Imp. *siglo,* y lo mismo el ms. de R. pero hemos corregido á los dos.

FRAY LUIS DE LEÓN

Que no pudiera della verme suelto
En virtud propia ni en virtud ajena,
Sino de aquella llena
De piedad, tan fuerte
Bondad que con su muerte a nuestra muerte
Mató y gloriosamente hubo deshecho,
Rompiendo el amoroso y sacro pecho
De donde mana soberana fuente
De gracia y de salud a toda gente.

En esto plugo a la bondad inmensa
Darme otro sér más alto que tenía
Bañándome en el agua consagrada.
Quedó con esto limpio de la ofensa,
Graciosísima y bella el alma mía
De mil bienes y dones adornada;
En fin, cual desposada
Con el Rey de la gloria.

128

POESÍAS SELECTAS

¡Oh cuán dulce y suavísima memoria!
Allí la recibió por cara esposa
Y allí le prometió de no amar cosa
Fuera dél o por el mientras viviese.
¡Oh si (de hoy más siquiera) lo cumpliese!
Crecí después y fuí en edad entrando,
Llegué a la discreción, con que debiera
Entregarme a quien tanto me había dado,
Y en vez desto, la lealtad quebrando
Que en el baptismo sacro prometiera
Y con mi propio nombre había firmado,
Aún no hubo bien llegado
El deleite vicioso
Del cruel enemigo venenoso,
Cuando con todo dí en un punto al traste;
¿Hay corazón tan duro en sí, que baste
A no romperse dentro en nuestro seno,
De pena el mío, de lástima el ajeno?

179

Grande y buena compañera Rosario: En mi vida de hombre público jamás había presenciado una lucha política como la que libramos hoy. En épocas pasadas había fusiles, partidos, tiros de cachito para eliminar hombres que tuvieran importancia; hoy no disponemos de ningún elemento de estos para combatir la tiranía bagrista; en cambio está con nosotros algo que vale mucho más: tenemos de nuestra parte a la mujer venezolana, nada más bello ni más hermoso ni de más valor, su ejemplo tiene que ser necesariamente un estímulo incomparable para nosotros; lucharemos llenos de fe y se puede anticipar que triunfaremos. Rosario: en la patria nueva tendrá Ud. puesto de honor; Ud. ha sido de las combatientes infatigables, por eso la queremos y la admiramos. Yo, el más humilde de los presos del castillo que inadecuadamente lleva el nombre de Libertador, le envío en estas líneas mis votos admirativos por su acervado patriotismo. Su admirador y amigo.

E. Mibelli

3 de junio de 1931

Mas que la tierra queda tenebrosa
quando su claro rostro el sol ausenta,
y á bañar lleva al mar su carro de oro;
mas estéril, mas seca, y pedregosa,
que quando largo tiempo está sedienta,
quedó mi alma sin aquel tesoro,
por quien yo plaño y lloro,
y hay que llorar contino,
pues que quedé sin luz del sol divino,
y, sin aquel rocío soberano
que obraba en ella el celestial verano,
ciega, disforme, torpe, y á la hora
hecha una vil esclava de señora.

¡Oh Padre inmenso! que inmovible estando
das á las cosas movimiento y vida,
y las gobiernas tan suavemente!
¿qué amor detuvo tu juesticia, quando
mi alma tan infrata, y atrevida
dexando á tí del bien eterno fuente,
con ansia tan ardiente
en aguas detenidas
de cisternas corruptas, y podridas,
se echó de pechos ante tu presencia?
¡Oh divina y altísima clemencia!
que no me despeñases al momento
en el lago profundo del tormento.

Sufrióme entonces tu piedad divina,
y sacóme de aquel hediondo cieno,
dó sin sentir aun el hedor estaba
con falsa paz el ánima mezquina,
juzgando por tan rico y tan sereno
el miserable estado que gozaba,
que solo deseaba
perpetuo aquel contento:
pero sopló á deshora un manso viento
del espíritu eterno, y enviando

un ayre dulce al alma fué llevando
la espesa niebla que la luz cubria,
dándole un claro y muy sereno dia.

Vió luego de su estado la vileza,
en que guardando inmundos animales
de su tan vil manjar aún no se hartaba:
vió el fruto del deleyte y de torpeza
ser confusion y penas tan mortales;
temió la recta y no doblada vara,
y la severa cara
de aquel Juez sempiterno:
la muerte, juicio, gloria, fuego, infierno,
cada qual acudiendo por su parte,
la cercan con tal fuerza y de tal arte,
que qudando confuso y temeroso,
temblando estaba sin hallar reposo.

Ya que en mí vuelto sosegue algún tanto,
en lágrimas bañando el pecho y suelo,
y con suspiros abrasando el viento,
Padre piadoso (dixe) Padre santo,
benigno Padre, Padre de consuelo,
perdonad, Padre, aqueste atrevimiento.
A vos vengo aunque siento
(de mí mismo corrido)
que no merezco ser de vos oído:
mas mirad las heridas que me han hecho
mis pecados, quan roto y quan deshecho
me tienen, y quan pobre y miserable,
ciego, leproso, enfermo, lamentable.

Mostrad vuestras entrañas amorosas
en recibirme agora y perdonadme,
pues es, benigno Dios, tan propio vuestro
tener piedad de todas vuestras cosas;

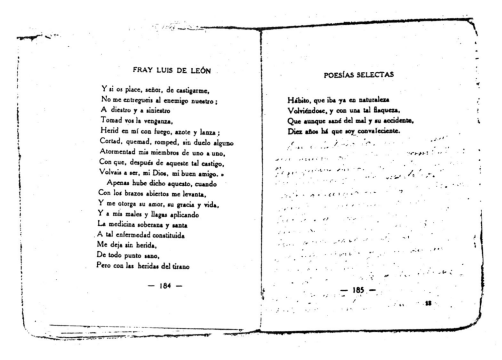

En Ud. Rosario, he visto surgir un nuevo aspecto del combate: Venezuela incorporándose sobre sus sueños y sobre su dolor. He visto resurgir en Ud., Rosario, la mujer venezolana de la primera lucha ahora iluminada por la inquietud de este siglo; la mujer que arroja de sí caducas preocupaciones y abre sus manos francas a nuestro compañerismo de combate y de ideas; la mujer que primero tiene en sus ojos y en su pensamiento nuestro campo devastado.

Ud. ha fortificado mi fe, y con Ud. sus compañeros de combate. —1928—

A su lado, los hombres no podemos ni temblar ni permanecer indiferentes frente al momento azaroso.

Ya veo cómo se visten nuestros campos con el brote de la nueva semilla. Acepte, Rosario, mis saludos y mi admiración.

Julio C. Alvarado

1º de marzo de 1931

165

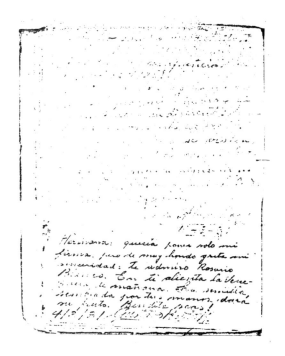

Hermana: Quería poner sólo mi firma, pero de muy hondo grita mi sinceridad: te admiro Rosario Blanco. En ti alienta la Venezuela de mañana. La semilla sembrada por tus manos, dará su fruto. Bendita seas!

Gustavo Ponte R.

4 de marzo de 1931

Sonetos

Juego de variados endecasílabos para así demostrar su engrandecida actividad, la cual asciende poco a poco hasta satisfacer su deseo. Céntrase en un espacio simultáneo donde se enlaza la acción y efecto del sentimiento lírico. En estos sonetos se reserva una variedad de artificios en proporción con la expandida brecha. Gozo y deleite comunican lo que a claras se siente; admirables enunciaciones y dialéctica razonada. De buen calibre es la estructura y constante vivacidad, naturalmente tiende a la repetición: / Agora con la aurora se levanta / Agora vuelta al cielo pura y santa. Divinas circunstancias y estados que demuestran también las inquietudes del alma que gime, suspira y llora dividida. Muchas veces parece que leyéramos a un romántico apasionado; asimismo, con límpido sentido encontramos al poeta intimista también de exhortación espiritual. Nos dice Ricardo Senabre que Fr. Luis en sus versos nos da la expresión de un doloroso forcejeo con las propias ataduras corporales e intelectivas que impiden el vuelo místico. Y bien, gracias a esta prodigiosa intuición, los sucesos contingentes de su agitada vida sufren una constante transustanciación que los orienta por senderos distintos y trasciende en lo puramente biográfico.[1]

Antes de iniciarse el primer soneto en la p. 187, Carlos Sequera envía su saludo y llama a Rosario, «la nueva mujer venezolana». En la p. 189, final del II y principio del III soneto, margen derecho, J. Mc Gill Sarría, dirige una frase con su firma. Debajo de los dos últimos tercetos del último soneto, p. 192 —cierre del arte en la publicación—, inicia su ¡Salve! Enrique Arapé y la culmina en la p. 195 —principio del índice y página donde se identifica a los talleres tipográficos de la Editorial Colón, 26, rue du Delta, París—. En la p. 196, cariño y admiración de José R. Gabaldón.

---

[1] *Tres estudios sobre Fr. Luis de León* (Salamanca: Gráficos Europa, 1978), p. 59.

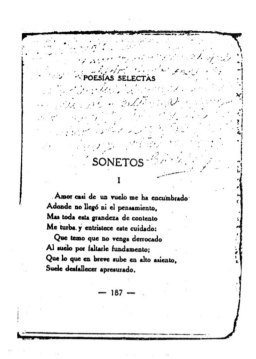

Rosario: Saludo en ti a la nueva mujer venezolana, que ha sabido junto con los estudiantes salvar el honor nacional, estrecha la mano que te tiende este hermano de corazón, que admira y grita contigo: ¡Adelante!

Carlos Sequera

3 de marzo de 1931

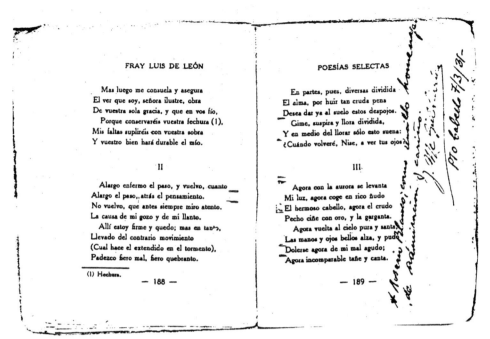

A Rosario Blanco: como sencillo homenaje de admiración y cariño.

J. Mc Gill Sarría

Pto. Cabello, 7-3-31

(continuación III)

Ansí digo: y del dulce error llevado
presente ante mis ojos la imagino,
y lleno de humildad y amor la adoro.

Mas luego vuelve en sí el engañado
ánimo, y conociendo el desatino,
la rienda suelta largamente al lloro.

IV

¡O cortesía, o dulce acogimiento,
o celestial saber, o gracia pura,
o de valor dotado y de dulzura,
pecho real y honesto pensamiento!

¡Oh luces del amor querido asiento,
oh boca donde vive la hermosura,
oh habla suavísima, oh figura
angelical, oh mano, oh sabio acento!

Quien tiene en sólo vos atesorado
su gozo, y vida alegre, y su consuelo,
su bienaventurada y rica suerte:

¿Cuándo de vos se viere desterrado
¡ay! que le quedará sino recelo,
y noche, y amargor, y llanto, y muerte?

V

Después que no descubren su lucero
mis ojos lagrimosos noche y día,
llevado del error, sin vela y guía,
navego por un mar amargo y fiero.

El deseo, la ausencia, el carnicero
recelo, y de la ciega fantasía
las olas más furiosas a porfía
me llegan al peligro postrimero.

Aquí una voz me dice, cobre aliento,
señora, con la fe que me habéis dado,
y en mil y mil maneras repetido.

Mas ¿cuánto de esto allá llevado ha el viento?
respondo; y a las olas entregado,
el puerto desespero, el hondo pido.

Talleres tipográficos

de la Editorial COLON

26, rue du Delta, París.

espíritu toda luz, Señor de ideales. El ha caído entre nosotros como mensajero de bálsamos para la pena física y de aliento vivificante en la obra nuestra, la obra venezolana que cuenta en usted una heroína, colaboradora en silencio, pero digna, generosa, audaz, valiente, la mirada en alto para el porvenir...

Seguid así, ¡ah! Sembradora Espiritual! aventando la semilla del Avila al Avila... al Llano... al Oriente...

Enrique Arapé

C. L. 3-3-31

171

FRAY LUIS DE LEÓN

Aquí una voz me dice cobre aliento,
Señora, con la fé que me habeis dado,
Y en mil y mil maneras repetido;
 Mas ¿cuánto desto allá llevado ha el viento?
Respondo, y a las olas entregado,
El puerto desespero, el hondo pido.

FIN

Salve!

— 192 —

Salve!

Rosario, no la he visto y, sin embargo, le conozco. Las ideas no saben de vallas ni de distancias; y son ellas sus altas ideas, las que, salvando espacios, atravesando muchas construcciones de hombre torpe para aprisionar hombres en tarea de conquistas hacia realizaciones más nobles y perfectas de humanidad— nos han traído, recta, limpia, clara, la imagen de su Espíritu, de su

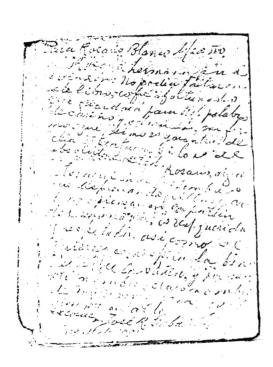

Para Rosario Blanco Meaño.

Rosario, hermana por el corazón: No podía faltar en este libro, cofre afortunado que guardará para Ud. palabras de cariño y admiración, mi firma, que si no es garantía de bella literatura sí lo es de absoluta lealtad.

Rosario, oiga esto: aquí entre los hombres que despreciando grillos y cadenas piensan en la patria del mañana, es usted querida y respetada, así como se quiere y se respeta la bandera de la patria y por eso su nombre, claro nombre de mujer venezolana, está siempre en alto. Ex corde.

José R. Gabaldón

Marzo, 1 de 1931

Cierran las páginas de este libro dos eminentes hombres:

ANDRES ELOY BLANCO, poeta famoso en Venezuela y miembro de la generación de 1918. Intenso, directo y expresivo, el hermano de Rosario abre su corazón para expresar con gestos lo que en amor no puede comunicarse con palabras. Con la distinción petrarquista y también de Fr. Luis —tono suave, acierto en las metáforas y la escogida rima—, vivimos los enamorados el romanticismo de sus versos.

LUIS RAFAEL PIMENTEL, esforzado oficial de rango en la Armada venezolana y reconocimiento militar en la Escuela de Guerra del Estado Mayor en el Perú; un nombre que no puede olvidarse por su presura en la doctrina política favorable a la intervención de las clases en el Gobierno y opositor de los sistemas que rigen a una nación frecuentemente violando la Constitución.

Rosario:

Rosario:

La tuberculosis, guillotina instalada en los calabozos de los déspotas que niegan a los públicos el espectáculo de las decapitaciones para penas de muerte detrás de la ley, me ha ejecutado un pulmón. La voz del grito rebelde y la palabra del hierro rojo y los poemas de amaneceres se apaga, sofocada por la mordaza de la arteria. Mis cantos prisioneros gotean sangre propia y abren los labios exangües de esas cabezas cercenadas, que la diestra del verdugo mostraba a la curiosidad en goce malsano de los espectadores.

Víctima de la cárcel mi verso gime. Gime mi esperanza, –no importa–; gime; ¡adelante! de herido incorporado para la voz final.- no importa gime anuncios de sol con la claridad dolorosa de la madrugada desgarrada por el tajo nítido; —no importa—, gime y tú necesitas canciones de algarada de ataque y de apoteosis. Callo las estrofas de mi voluntad poeta: agonizan de tarde mis cantos para flamear en su canción de aurora de tu bandera; pero ilusiono la pupila para mirar desde la plaza sitiada que es mi suerte, tu insignia brava, pendón de las mujeres nuevas que heroicamente constan el futuro.

Te escribo. Andrés Eloy. —él te contará, yo no voy a poderlo, nuestra amistad de corazones en las manos y del jugarnos con ellos tiempo, para después preguntándonos confundidos ¿cómo, este es el tuyo? o ¿éste es el mío? meternos cualquiera en los cálidos huecos de hornacinas al pecho— Andrés Eloy llegó por la mañana con este libro como un tercer corazón en su mano y dijo: «Ciérralo, te dejo la última página, que estimo conforme a la espera» y yo contesto: «Lo haré válvula mitral; tapa y da salida a la sangre borbotante de la admiración.» Y él: «La quiero; conoces mi querer. Más de amarla, la venero». Y yo: «Me lo has dicho todo.» Pero él, insistiendo con el engolado de sus cortos períodos de palabras rotundas, manera de su hablar donde los ojos, la garganta y el puño empuja el énfasis como un empellón, y lo afirman después, como a quien que lo sientan: «Ya sabes el carácter, una era futura, ama... ¡Una hija de mi padre! «y yo sonriendo conforme, seguro: «Sr. Andrés, ya sé: ternura, rebeldía, convicción. Más humanidad que en la Eva de Matías Villiers, más entereza y lucha que en la de Sipión Siglade. Mujer venezolana y universal, Rosario es un camino; un camino que es voz fastuosa del arte ritual; y un camino con flores, que es algo más bello aún». Se va Andrés Eloy —rin-tin-rin-trin, los grillos de mi calabozo al suyo,— y deja en mi mano el corazón con páginas.

Quedé pensando tu acción. Desconfío de las mujeres que no se enamoran. Creo en ti. Eres una enamorada de la obra. La de la O mayúscula de nosotros los revolucionarios, avalorados como avaloran la O las mujeres que hablan del amado clamándole El, siempre El! ¡La Obra! Te debe mucho tu obra. En su cumbre abrocho esta ofrenda de presos con un Laus Deo de rebelde: ¡Alabada seas, Rosario de la Revolución!

¡Ah! Ahora, al final, quedo como estrenando un pulmón nuevecito, henchido de oxígeno.

Para ti querida Rosario, querida hermana mía, ayer muy amada, hoy venerada en el altar mayor de mi orgullo. Para ti he escogido impresiones, momentos, como gestos lozanos para un boceto, palabras sueltas en el prolongado y unánime, sentimientos de admiración con que los fuertes campeones de la nueva Venezuela pronuncian tu nombre, metáfora de denuedo en esta hora fundamental de la patria. Para ello es grato manjar de meditación el rememorar tu limpia y silenciosa hazaña; ellos gustan de considerar cuanto se puede esperar de un pueblo cuando una mujer de espíritu nuevo de feminidad acorde con la eterna vacua de solicitaciones trascendentales, se asoma al cuadro sombrío en que se debate el problema vital de tantos seres, palpa el fondo sacudido de horror, —se adentra en la oscuridad del escenario y toma serena y suficiente sin brillo ni estridencia, su papel en la lucha tenaz, con las dos armas del combatiente civil —audacia y discreción— golpea, lenta y seguramente, atiza el hogar de la convicción nacional y llena sin descanso, todo un programa de conducción. La acción tremolará mañana, entre los emblemas del despertar nacional, el grito alto y sostenido de «El Imparcial». Un año de voz ciudadana; un año de antorcha en las veredas primerizas de marcha. Los hombres de «Venezuela» saben usar devotamente tu elogio de patriota y de hermana, que vio caer junto a ella al hermano combatiente, sin ninguna flaqueza le tomó de las manos el arma y siguió en la carga fatal hacia la Obra, como la aldeana de Mercié. ¡Mientras ellos te saludan desde la piedra del cautiverio, yo hermana mía pienso cuántas batallas, además de ésta, le has librado a la vida. Ellos no saben lo dulce de tus manos, para llevar como las mujeres de la montaña alemana, a los guerreros al cielo. Yo sé lo inagotable de la fraternidad para seguir los temporales del hermano como la hermana de Moisés. Tú eres en mi casa la lámpara de todas las vigilias. Yo, que sé mejor que nadie cuánto le debo a Dios, siento en estas horas sinceras de la prisión que de todo lo demás que Dios me ha regalado no es el menor el de la Hermana que encierra en su gracia innata, en su noble y castellana estampa, el alma más hermosa de mujer que he conocido en mi vida. Yo, que nunca fuí efusivo para los míos, en esta hora de sinceridad, hermanita, te ofrezco estas páginas que marcó a mis compañeros tu recuerdo, que está aquí, como mi recorte de Atenea sobre este nuevo nudo de la cárcel.

Castillo Libertador
Abril 1930
Andrés Eloy Blanco

Rosario Blanco Meaño:
¡hermana a quien no conozco,
y a quien conozco tanto!
Digna Blanco, digna Meaño
digna hermana de Andrés Blanco,
de quien digno quiero ser hermano...
Eres flor de aquella tierra
que es la flor de nuestra patria:
¡Flor de nuestra patria nueva!
¡De la que llevo en mi alma!
¡Flor que te volviste espina
para punzar al tirano;
y recogiste la espada
que glorificó el hermano!
¡Blanca flor!
Rosario Blanco Meaño:
¡hermana a quien no conozco
y a quien conozco tanto!

Luis R. Pimentel

Abril de 1930

179

REFERENCIAS BIBLIOGRAFICAS

BLANCO, Andrés Eloy. *50 años del Canto a España*. Cumaná, Venezuela: Publicaciones de la Municipalidad de Cumaná, 1973.

PIMENTEL, Cecilia. *Bajo la tiranía*. Caracas: Litografía y Tipografía La Bodoniana, C. A. 1970.

LOVERA, Ildemaro. *Vida de José Angel de Alamo - Historia de un Oligarca*. Caracas: Tipografía Vargas, S. A. 1965.

SANABRIA, Alberto. *Valores cumaneses*. Caracas: Editorial Arte, 1965.

OVIEDO Y BAÑOS, José. *Historia de la Conquista y Población de la Provincia de Venezuela*. New York: Paul Adams, 1940.

CARREÑO, Alberto María. *Instituto Interamericano de Historia Municipal e Institucional*. Habana, Cuba. 1953.

BLANCO, Carmen del Valle. *El Concejo Municipal de Caracas - Desde la Fundación de la Ciudad hasta hoy*. Caracas: Servicio Gráfico Editorial, S. A. 1981.

VITTA, Cino. «Diritto Administrativo». *Torino*. Torino, 1937.

LEON, Ramón David. *El Brujo de la Mulera*. Caracas: Fondo Editorial Común, segunda edición, mayo 1977.

LEON, Ramón David. *Cumaná eterna*. Caracas: Gráficas Alfer, 1967.

BARASOAIN, Alberto. *Fr. Luis de León*. Madrid: Ediciones Júcar, 1973.

MERINO, Antolín (Fr.). *Obras de M. Fr. Luis de León*. Madrid: Ibarra. Impresor de Cámara de S. M. 1816.

SENABRE, Ricardo. *Tres estudios sobre Fr. Luis de León*. Salamanca: Gráficos Europa, 1978.

BAENA, Julio. *El poemario de Fr. Luis de León*. New York: Peter Lang Publishing, inc. 1989.